초록에 기대어

초록에 기대어

초판 1쇄 발행 2025. 11. 14.

지은이 전경미
펴낸이 김병호
펴낸곳 주식회사 바른북스

편집진행 김재영
디자인 김민지
마케팅 송송이 박수진 박하연

등록 2019년 4월 3일 제2019-000040호
주소 서울시 성동구 연무장5길 9-16, 301호 (성수동2가, 블루스톤타워)
대표전화 070-7857-9719 | **경영지원** 02-3409-9719 | **팩스** 070-7610-9820

•바른북스는 여러분의 다양한 아이디어와 원고 투고를 설레는 마음으로 기다리고 있습니다.
이메일 barunbooks21@naver.com | **원고투고** barunbooks21@naver.com
홈페이지 www.barunbooks.com | **공식 블로그** blog.naver.com/barunbooks7
공식 포스트 post.naver.com/barunbooks7 | **페이스북** facebook.com/barunbooks7

ⓒ 전경미, 2025
ISBN 979-11-7263-658-6 03810

•파본이나 잘못된 책은 구입하신 곳에서 교환해드립니다.
•이 책은 저작권법에 따라 보호를 받는 저작물이므로 무단전재 및 복제를 금지하며,
 이 책 내용의 전부 및 일부를 이용하려면 반드시 저작권자와 도서출판 바른북스의 서면동의를 받아야 합니다.

초록에 기대어

전경미
에세이

한 잎의 고요, 한 잎의 온기

말없이 곁에 있어준 초록,
그 품에 마음을 기대어 봅니다.

바른북스

추천사

그녀가 초록이다

전수림 (사)한국수필가협회 부이사장

전경미 수필가의 《초록에 기대어》 출간을 축하한다. 이제 초록이 빛을 발할 시간이다. 생명의 색을 노래하고, 그 색 속에 자신의 삶을 고이 눌러 담은 전경미 수필가의 작품이 빛이 되어 세상에 나왔다.

내가 기억하는 전경미 수필가의 첫 글은 갈색이었다. 마른 흙처럼 포슬포슬하였다. 그녀는 자신의 그 담담한 마음을 씨앗처럼 땅에 묻었다. 가족을 먼저 생각하는 마음이었고, 어떤 바람에도 꺾이지 않으려 애쓰는 꽃대였다. 오로지 가족을 위해 헌신하는 과정에서 힘겨워하던 그때 전경미 작가를 처음 만났다.

전경미 수필가를 보면 미국의 수필가·시인·사상가인 헨리 데이비드 소로(Henry David Thoreau)가 생각난다. "숲에 가면 많은 친구를 만날 수 있다. 그들은 모두 고독하다."라고 했기 때문이다. 그처럼 한적한 시골 마을의 이름 없는 골목과 고요히 잠든 숲속에 숨어 있는 이야기들을 끄집어내기를 좋아했다. 그 이야기들 속에서 자신을 천천히 녹여내었다.

글은 성격과 비슷하게 조용하고 차분하다. 삶의 풍경을 마주하는 태도는 늘 자연을 대하듯 겸허한 자세가 깃들어 있다. 마치 장인이 도자기를 빚듯 정성스럽고도 집중된 시간의 흐름도 배어 있다. 은은하게 깊은 감정을 머금고, 때로는 우아하게. 때로는 슬픈 눈빛처럼 애잔하다. 그래서였을까. 그녀의 예쁜 딸은 '엄마가 무언가를 자꾸 써 내려갈 때면, 엄마 마음속에는 말 못 할 눈물이 참 많구나. 살아낸 시간이 미처 말하지 못한 감정들이 고스란히 스며 있는 것 같다고. 그래서 엄마 글이 슬프다' 했다. 딸의 느낌은 가볍지 않다. 이 책을 읽는 독자의 가슴에도 가닿아 고개가 끄덕여질 것이다.

전경미 수필가는 오랜 시간 동안 글과 책 속에서 살았다. 지금까지 공부를 놓지 않았기에 뿌리고 가꾸었던 삶의 나무들이 초록으로 무성하게 물들었다. 글쓰기는 숨 쉬는 방식이었고, 헛헛한 마음을 견디는 수단이었으며, 삶을 버텨내는 절절한 이유였다.

전경미 수필가가 초록이 될 수 있었던 것은 그 곁에 자연이 있었기 때문이다. 가족이라는 무게의 테두리에서 벗어나 그 속에서 자신만의 시간을 가질 수 있었다. 자연은 세상의 번잡함을 잠시 내려놓을 수 있는 가장 편안한 벗이고 안식처였다. 초록의 품에서 상처 난 마음을 달래었다. 숲의 한복판에서 햇살에 반짝이는 호수의 맑음과 건배하며, 반쯤 물에 잠긴 나무들에서는 마치 자신을 보는 것 같았을 것이다. 그 또한 삶의 한 모습이라고 받아들이며 물속에서도 잔뿌리를 뻗어가는 나무의 몸짓처럼 삶 또한 그렇게 애쓰며 살아가는 것이 아닐까? 반문하고 사유하며 글을 담아냈다. 그 기운으로 다시 며칠을 살아낼 힘을 얻었다.

서정적 낭만도 곳곳에 박혀 있다. 그렇게 느낀 감성은 〈집밥도 레스토랑처럼〉, 〈시인의 서점〉에서도 잘 나타난다. 완벽한 날들로 살아내기 위해 노력한 흔적을 발견할 수 있고, 평범한 일상 속에서 삶의 의미를 찾아내는 섬세함을 보여준다. 베란다로 날아든 새들과 대화하고, 창문 너머로 펼쳐진 풍경을 바라보며 작은 틈의 시간에 의미를 두면서 자신을 찾아갔다.

전경미 수필가는 자식에 대한 사랑의 표현도 남달랐다. 〈네가 가고 수국 꽃이 왔어〉는 시집보낸 딸에 대한 애틋한 마음을 꽃으로 담아내고, 〈짝사랑을 날로 뺏겼다〉처럼 드라마의 한 대사는 그녀를 거쳐 애잔함이 더해졌다. 마음을 더 촘촘하고 치밀하게, 그러나 절절하게 담아냈다. 주변의 사소한 흐름까지 세심하게 바라보며, 10,000시간 동안 가슴에 눌러 담은 작품들은 이제 독자들과 만날 채비를 마쳤다.

전경미 수필가의 삶은 언제나 몰입이었고, 감정은 삶의 경계를 넘어 더 넓고 깊은 세상을 향해 뻗어 있다. 그렇게 자신만의 숲을 만들어 냈고, 이제 그 숲으로 독자들을 초대하고 있다. 그리고 그 글들은 또 다른 누군가의 마음에 초록을 틔울 것이다. 어느 날 문득 한 페이지를 펼쳐 든 독자가 마음 가운데 한 줄기 햇살을 발견하게 될 것으로 믿는다.

전경미 수필가의 《초록에 기대어》는 작가의 길을 선택하고 끊임없이 담금질하여 탄생했다. 그는 이제 온전한 작가의 반열에 올랐다. 나무가 내뿜는 초록의 기운은 눈부시다. 다만, 아직 퍼 올리지 못한 근본적인 슬픔이 내재하고 있는 모습도 보인다. 그것을 온전히 길어내기에는 시간이 많이 필요할지 모르겠다. 독자의 궁금증을 유발하는 것도 실력이라 생각한다.

글은 단순히 읽히는 것만이 아니라, 마음을 함께 머물게 하는 힘이다. 전경미 수필가가 걸어가는 길은 오롯이 자신만의 언어와 색, 감정으로 빚어낸 숲이며, 세상에 단 하나뿐인 길이 될 것이다. 그녀의 내일 역시 초록의 숲처럼 빛날 것이다. 마음을 다해, 초록의 작가 전경미 수필가를 응원한다. 축하합니다.

작가의 말

초록에 기대어

　해바라기가 고개를 숙인 채 영글어 가고 있다. 치열했던 여름 넘어 가을빛을 품어간다. 흙과 씨앗, 물과 빛을 변수 삼아 매일 새로운 질문을 던지며 바라보았다. 식물에 물을 주고 자라는 모습은 나에게 큰 의미로 다가왔고 스스로를 다독이게 했다. 무언가를 가꾸는 것 자체가 일상을 풍요롭게 만들어 주었다. 어느 결에 내가 식물을 가꾸는 것이 아니라 식물이 나를 가꾸었다. 찬찬히 살피게 되었고 그 경험을 통해 나도 자라고 있음을 발견했다. 비어 있던 가슴에 차오르는 즐거움은 글을 쓰게 했다.
　딸이 내게 말했다. 엄마의 글은 눈물에서 나오는 것 같아. 그동안의 모든 밀도 높은 삶이 다 담겨 있는 듯해서. 요즘 에세이집을 읽다 보니 너무나 익숙한 목소리가 들리는 거야. 나한테 글이란 곧 엄마여서 글을 읽을 땐 엄마의 목소리로 다시 써져.

글 쓰는 일이 쉬운 일은 아니어서 어디 눈물뿐일까. 하늘이 주황빛으로 가라앉는 동안, 내리 쌓아온 습기 머금은 나무를 베고 또 베어 태우는 거란다.

답답한 면벽의 삶이었지만 초록에 기대어 살면서 마음을 풀어낼 수 있었다. 창문을 열고 생각을 열었다. 책상 앞 나의 정원 풍경을 비롯해 길가를 걸으며 늘 초록이 주는 위로를 받는다. 피고 지는 꽃과 무성한 잎을 키워내는 나무에게서, 새들의 노랫소리로부터 더 많은 이야기를 들을 수 있다면 좋겠다.

한 알의 해바라기 씨앗을 심으면 노란 해바라기꽃과 수많은 씨앗이 돼서 돌아온다. 해바라기가 꽃을 피우고 씨앗을 품을 동안 내 안에는 무엇이 영글었을까. 눈에 보이지는 않아도 뭔가 소중한 것이 마음 안에서 자라고 있을 거라고, 지금도 익어가고 있을 거라고 믿으며 글을 올린다.

2025년 9월

전 경 미

목차

추천사 그녀가 초록이다
작가의 말 초록에 기대어

1부

풍경을 새로 보다 · 16
물속에 잠긴 숲 · 20
파리에서 보낸 일주일 · 25
슬픈 바다 하제항에서 · 30
집밥도 레스토랑처럼 · 35
무심하고 민감하게 · 40
유럽에서 온 사진 · 43
동구릉의 품 · 47
빈방 · 53
게릴라 가드닝 · 56

2부

닻 · 60
모네의 정원 · 66
아무튼, 손수건 · 70
이런 선물 또 없습니다 · 73
분갈이가 필요할 때 · 77
완벽한 날들 · 80
시인의 서점 · 85
소리의 마음들 · 89
새장개업 · 93
우포를 읽다 · 98

3부

마음 겨울 때 · 104
시간의 무늬 · 108
벨 에포크로 떠나는 기차 · 112
나만의 바리스타 · 116
잉크 샘 · 121
소중한 선물 · 125
마중 · 129
앞치마, 질투를 받다 · 133
힘을 빼다 · 138
영감을 부르는 술 · 141

4부

깃들이다 · 146
씩씩한 캔디 · 150
속도를 지우고 고요를 담다 · 153
아람치 · 158
물레를 돌리며 · 162
빛바랜 작업복 · 165
새벽 바다 · 170
여름은 오래 그곳에 남아 · 174
심봤다 · 178
흰 · 182

5부

프레임 안의 세상 · 188
그림자를 만날 때 · 193
짝사랑을 날로 뺏겼다 · 197
음악의 언어 · 200
남산의 부처들 · 204
초록색 키오스크 · 209
요리 잘하는 남자 · 212
책상 앞 풍경 · 217
미래의 스토리 · 221
네가 가고 수국꽃이 왔어 · 226

1부

풍경을 새로 보다

숲속을 걷다가 처음 보는 풀꽃을 보았다. 남편과 나는 걸음을 멈추었다. 작은 보랏빛 꽃이 풀숲 속에 숨어 있었다. 숲의 초입부터 만났던 양지꽃, 앵초 무리와는 달리 외딴곳에 대여섯 송이가 피어 있을 뿐이었다. 그는 자세를 낮추어 사진을 찍었다. 찍은 사진으로 검색해 보니 구슬붕이라는 이름을 가진 꽃으로 귀엽고 앙증맞았다. 이렇게 잘 어울리는 이름을 지은 이는 누구일까.

그와 떠나는 여행은 한적한 둘레길 걷기가 테마이다. 유명한 관광지는 사람에 치여 여행의 참맛을 느낄 수 없기에 조용히 자연의 정취를 느낄 수 있는 곳을 찾게 되었다. 임실의 구담마을은 오래된 느티나무가 온 동네를 정겹게 굽어보고 있는 곳이다. 마을 한가운데 시냇물이 흐르고 징검다리가 놓여 있었다. 어릴 적 친구들과 건너던 추억을 떠올리며 반가운 마음에 한 발 한 발 내디뎠다.

징검다리를 건너본 것이 얼마 만인지… 고향에 온 것 같았다. 옛것을 보면 마음이 푸근해지는 것은, 어쩌면 무의식에서 찾아 헤매고 있을지도 모를, 붙잡고 싶은 풍경의 그리움 때문이 아닐까.

징검다리를 건너 고즈넉한 시골길을 걸었다. 찔레꽃 향기가 상큼하게 다가왔다. 오월의 시작은 흰 꽃들의 잔치다. 이팝나무, 아갸나무 꽃잎들이 눈 내리듯 사르르 내리는 꽃비를 맞았다. 굽이굽이 산길을 걷다가 들길이 나타나기도 했는데 이른 아침이라 길 위에는 우리 두 사람밖에 없었다.

봄의 들길을 걷다 보면 밭둑이나 길섶에서 흔히 하얀 꽃물결을 만나게 된다. 냉이꽃이다. 따스한 햇살 아래 쪼그리고 앉아 바라보았다. 복잡한 세상사를 잊고 오로지 그 작은 생명에 위안을 받는다. 좁쌀 알갱이만큼 작지만 자세히 들여다보면 얼마나 예쁜지. 꽃을 달고 있는 가녀린 줄기가 미풍에 쉼 없이 흔들렸다. 온실이나 화단에서 사람의 보살핌을 받으며 가꾸어진 화려한 꽃보다 작은 들꽃에 애정을 갖게 된다. 그것은 힘든 조건에서도 스스로 오롯이 견디며 살고 있는 모습이 기특해서이다.

언제부터인가 야생화가 눈에 들어오기 시작했다. 저마다 간직한 새뜻함을 우연히 발견했을 때 이름을 아는 것과 모르는 것에는 큰 차이가 있다. 그냥 지나치는 사람에게는 의미가 없겠지만 누군가 나의 존재를 알아주고 불러주면 기쁜 것처럼 꽃도 그렇지 않을까. 야생화를 알아가는 것에는 소소한 즐거움이 있다.

야생화처럼 예전에는 무심코 보았던 풍경들이 새로운 모습으로 다가온다. 몇 년 동안 등산을 할 때는 보지 못했던 산등성이가 그렇다. 가까이 다가가도 그것의 아름다움을 알아보지 못했던 것이다. 산등성이 나무들을 바라보라. 하늘과 경계를 이루는 나무들은 잎이 무성하지 않은 계절에 더욱 선명하게 가지런한 윤곽을 드러낸다. 나무들의 키가 들쑥날쑥하지 않고 비슷한 이유는 무엇일까. 높은 산의 산등성이는 바람을 피할 곳이 없다. 맨 꼭대기에 자리 잡은 나무들은 온전히 바람을 맞으며 견뎌야 한다. 그나마 다행이라면 절벽 위의 소나무처럼 고립되어 있지는 않다는 것이다. 외로운 사람끼리 의지하고 어깨동무하듯 나무들은 서로서로 키를 맞추나 보다.

오랜 세월, 척박한 환경을 살아온 나무들은 스스로 옆의 나무와 키를 맞추며 자라는 지혜를 알게 된 것 아닐까. 가끔은 어리석은 나무도 있어 삐죽이 고개를 들기도 하겠지만 높바람의 고통을 감내하지 못하고 수그러들 듯하다. 하여, 산등성이의 나무들은 저리도 고운 선을 그리며 오래도록 함께 살아갈 것이다.

우리는 강가에 앉아 하염없이 주변 경치를 가슴에 담았다. 천천히 움직이는 뭉게구름과 신록으로 물들어 가는 산, 물결의 무늬가 새겨진 바위들을. 아무런 말이 필요치 않았다. 졸졸졸 흐르는 시냇물 소리, 꾸꾸루꾹꾸 멧비둘기 울음소리만이 들려올 뿐 시간은 느릿느릿 흘러갔다.

본다는 것은 늘 새로 고침을 해야 할 듯하다. 무의미한 형상으로만 보지 말며 그것에 감춰진 그것만의 아름다움을 발견하는 것은 새로운 기쁨으로 다가온다.

물속에 잠긴 숲

불현듯, 뉴칼레도니아의 '포레 누아예'가 떠올랐다. 예떼 호수에 댐이 생기면서 물속에 잠긴 숲이 되었다는 곳이다. 드넓은 호수의 푸른 물속에 삐죽삐죽 하얗게 서 있는 니아울리 나무들은 기괴하고 음산한 느낌을 주었다. 높은 산꼭대기에 고사목은 가끔 보았지만 물 가운데 잠긴 숲이라니. 그야말로 수장(水葬)된 나무들이 하늘을 향해 뻗어 있는 가지와 몸체로 슬프게 우는 것 같았다. 나 역시 그들처럼 물속에서 하얗게 말라갈 것만 같았던 시절이 있었다.

아직 어둠이 가시지 않은 차창 밖에는 바람이 불고 있었다. 차 안에서 해가 뜨기만을 기다렸다. 날이 어슴푸레 밝아오자 분주한 새소리가 들려왔다. 옷을 껴입고 나섰다. 차갑지만 상쾌한 바람이 얼굴에 와 닿았다. 과연 그 나무들은 살아 있을까. 발걸음이 조급해졌다.

잠시 후 눈앞에 펼쳐진 모습은 "우와!" 하는 탄성이 저절로 나오게 했다. 작년 가을에는 용담호에 삼분의 일쯤 잠겨 있었던 수십 그루의 나무들이 온전히 땅을 딛고 서서 그윽한 색조로 물들고 있었다.

용담호는 댐의 수위를 조절하느라 물의 양이 많으면 나무들의 몸체가 절반가량 잠기기도 하는 곳이다. 옹기종기 작은 숲을 이룬 나무들이 언제부터 그곳에서 자란 것일까. 댐이 만들어진 지 이십여 년이 지났다는 것만 알 수 있었다. 나무가 자라는 동안 숱하게 물이 들고 났던 그들의 힘든 서사를 어렴풋이 짐작할 수 있을 뿐이었다.

일 년 전, 물속에 잠겨 침울했던 풍경과 달리 현재는 마른 땅 위에서 잎사귀를 붉게 또는 노랗게 물들이며 굳건히 서 있는 것을 마주하게 된 것이다. 주변에 떠밀려 온 마른 나뭇가지들이 많아 걸을 때마다 바스락거리며 발에 밟혔다. 물이 빠진 지 오래되었나 보다. 나무 몸체에 말라 있는 곰팡이의 흔적을 발견하지 않았다면 물속에 잠겨 있던 나무들이라는 것을 알아챌 수 없었을 듯하다. 그 상흔을 쓰다듬으며 대견하다고 한 그루, 한 그루마다 인사를 했다. 그것은 어쩌면 내 스스로에게 하는 말이나 다름없었다.

작년 가을 물속에 잠긴 나무들을 처음 보았을 때, 산 채로 수장(水葬)되고 있는 것 같아 마음이 아팠다. 내가 키우는 화초들은 과습이 되면 금방 죽고 마는데 이곳의 나무들은 괜찮은 것일까.

내게도 젊은 날 물속에 잠긴 나무처럼 살았던 날들이 있었다. 결혼하면서 시부모님을 모시고 살았다. 시집살이의 어려움 속에 시부모님의 오랜 병 수발이 이어졌다. 십여 년이 훌쩍 넘게 병원을 집처럼 드나들었던 그때는 밤에 잠이 들어야만 몸과 마음이 쉴 수 있었다.

어느 날 파도치듯 물이 밀려올 때 속절없이 서 있을 수밖에 없던 용담호의 나무들은 어땠을까. 우리의 삶 속에도 예고치 않게 밀려오는 고통들이 있지 않던가. 오랜 시간 적응해 보려고 잔뿌리를 뻗으며 몸부림도 쳤을 듯하다. 사람의 의지와 노력만으로 해결할 수 없는 어려움이 복병처럼 나타나듯이 나무들도 살고자 애쓰며 버티었을 것이다.

내게 밀려왔던 파도는 언제 썰물로 빠져나갈까 한 치 앞을 알 수 없었고 깊이를 알 수도 없었다. 음울하게 가라앉은 집안 분위기 속에 괴로움의 날들은 누그러질 줄을 몰랐다. 시시때때로 자연은 거울처럼 내 모습을 투영시킨다. 차가운 물속에 서서 물 위에 비친 내 그림자를 마주 보며 속으로 수없이 되뇌었다. 그저 땅을 딛고 서 있기만 하자고 그 일렁임을 가만히 지켜보며 몸을 맡겼다. 어느 결에 서서히 파도는 물러갔고 드디어 맨땅이 드러났다.

나무를 바라보며 밀물이 있으면 썰물도 있다고, 서로 갈마들기에 앞으로도 잘 견딜 수 있을 것이라고 말을 건넸다. 순응의 시간을 보냈던 그 시절의 내가 회색빛이었다면 지금의 내 모습은 아름답게 단풍드는 나무들처럼 절정을 향해 가고 있는 것일 터이다.

울긋불긋 물들어 가는 나무들 중에서 수려한 자태가 돋보이는 나무가 있었다. 가장 많이 물에 잠겨 있었던 메타세쿼이아였다. 붉은색을 띤 밝은 갈색 잎들 속에 아직 채 물들지 않은 푸른 잎이 살짝살짝 어우러져 고혹적으로 다가왔다. 나무의 색감을 제대로 표현할 수 없어 아쉬울 따름이다. 온통 빨갛게 물드는 화려한 단풍나무는 흔해서 개성이 없다고 생각할 지경이었다.

나무가 선연한 빛깔을 품은 것은 물속에 잠겨 있던 고통의 시간들을 잘 견디어 냈기 때문일 것이다. 역경을 이겨낸 그들의 몸속에는 더욱 견고한 나이테를 새겨 나가지 않을까. 나무에게 다가가 두 팔 벌려 안아주었다. 내게 화답하는 듯 가지의 잎사귀들이 바람을 타고 수런거렸다.

내가 나무라면 어떤 색으로 물들고 있을까. 나무마다 단풍색이 다른 이유는 온도의 변화로 나뭇잎이 마르면 엽록소가 파괴되면서, 가지고 있던 또 다른 색상이 나타나는 것이다. 안토시아닌이 많으면 빨간색, 카로틴은 노란색, 타닌은 갈색으로 물든다.

겉으로 드러난 모습이 아니라, 내면 깊숙이 스며 있던 또 다른 색은 정열적인 빨강일까, 밝고 명랑한 노랑일까, 아니면 조용히 자기 자리를 지키는 갈색일까. 단풍을 그릴 때 한두 가지 색으로는 그 깊이를 담을 수 없듯, 나답게 물듦도 어떤 색으로 규정지을 수는 없을 것이다. 다만 붉다 못해 자줏빛을 띤 가지 하나쯤 휘늘어져도 좋겠다.

파리에서 보낸 일주일

어스름이 내려앉는 시각 샤를 드골 공항에 도착했다. 큰딸과 함께 버스를 타고 숙소로 이동하며 창밖으로 도시 외곽의 풍경을 바라보았다. 그토록 가고 싶었던 파리에 도착했다는 것이 실감 나지 않았다. 우연히 〈버킷리스트〉라는 영화를 보고 나서 나의 버킷리스트를 구체적으로 작성해 보았었다. 그중에 모네의 정원이 있는 지베르니 가기와 모네의 수련 그림이 전시된 오랑주리 미술관 가기, 스위스 여행하기 등이 있었다.

리스트를 작성한 지 2주쯤 지났을 때였다. 고맙게도 사위가 우리 부부에게 큰딸과 함께 유럽 여행을 보내주겠다고 했다. 버킷리스트가 이렇게 빨리 실현된다는 사실에 너무 기뻤다. 안타깝게도 남편은 회사 일 때문에 휴가를 오래 쓸 수 없어서 못 오고 대신 막내딸이 합류하여 셋이서 여행을 하게 되었다.

파리 중심 시내에 도착했을 때 벚꽃이 피어 있어 한국보다는 날씨가 더 따뜻한 느낌이었다. 어둠이 내리고 불빛이 켜졌는데도 조명이 밝지 않아 파리라고 믿을 수 없을 만큼 전체적으로 어두웠다. 고풍스러운 건물들이 즐비하고 지나다니는 사람은 별로 없어 한적한 저녁 풍경, 거리의 첫인상은 오래도록 기억에 남았다.

일주일 동안 현지인이 사는 숙소를 빌려서 묵게 되었다. 대부분 건물들은 멋진 외관과는 달리 오래된 건물이라 내부 구조가 낡고 좁은 편이었다. 그렇지만 그들의 생활 모습을 가까이에서 접해볼 수 있어 좋았고 주방에서 간단한 음식을 해 먹을 수 있어 편리했다.

아침이면 근처 빵집에 가서 갓 구운 바게트와 크루아상을 사서 숙소로 돌아올 때는 파리지앵처럼 사는 게 이런 모습일까, 영화 속 한 장면에 들어온 듯했다. 밥할 걱정 없이 침대에 느긋하게 누워 있으면 딸들이 향긋한 커피를 내리고 빵과 과일을 곁들여 식탁을 차려주었다. 어떤 날은 파스타를 만들어 주기도 하고 주로 간단한 식사였지만 딸들이 차려주는 아침을 먹는다는 것이 마냥 행복했다. 스위스나 독일의 호텔에서 조식을 먹었을 때보다 파리에서의 아침이 더욱 좋았다.

방브 벼룩시장을 필두로 거대하고 아름다운 에펠탑, 웅장한 규모의 개선문, 낭만적인 몽마르트르 언덕, 룩상부르 공원, 노트르담 대성당 등 도시 곳곳을 둘러보았다. 루브르 박물관, 오르세 미술관, 모네 수련 연작이 있는 오랑주리 미술관의 훌륭한 예술 작품들도 실컷 감상했다. 특히 내가 좋아하는 고흐, 고갱, 모네, 르누아르, 밀레의 그림을 실물로 보니 생생한 질감이 느껴져 신비롭다고 할까.

걷고 돌아다니는 시간이 많아서 딸들에 비해 체력이 부족할까 봐 걱정을 했던 것은 기우였다. 평소 필라테스를 열심히 했던 것이 효과가 있었다. 강행군에도 전혀 지치지 않았기에 체력은 내가 제일 좋다고 딸들이 인정해 주었다.

사르트르, 카뮈가 주로 다녔다는 카페 '드 플로르'의 분위기에 젖어 커피를 마시며 잠깐이나마 글도 써보았다. 영화 〈비포 선셋〉에 나왔던 서점, '셰익스피어 앤 컴퍼니'는 오래된 고서점으로 구조가 특이했다. 좁은 계단을 올라갔더니 작은 방에 여러 사람이 모여 책에 대한 토론을 하는 모습도 볼 수 있었다. 파리에 다시 오고 싶은 매력은 이러한 것들이 아닐까 싶었다. 문화예술이 생활 속에 중심이 되고 자연스럽게 녹아 있는 도시라는 점 말이다.

기차를 타고 베르사유시에 있는 바로크 건축의 걸작이라는 베르사유 궁전을 둘러보았다. 화려한 궁전 내부에도 볼거리가 많았지만 내게는 봄꽃들이 만발한 넓은 정원이 매력적이었다. 또한 인상적이었던 것은 마리 앙투아네트가 농가 체험을 하기 위해 만들어 놓은 소박한 집과 물레방아와 텃밭이었다.

지베르니에 가서 둘러본 모네의 연못과 정원은 나 역시도 그림을 그리며 인생의 말년을 보내고 싶을 만큼 한적하고 아름다운 풍경이었다. 마을 산책을 하다가 우연히 모네의 무덤에도 들러 들꽃을 꺾어 무덤가에 놓았다. 한 화가의 그림이 이 먼 곳까지 내 발길을 이끌었다는 생각이 들었다.

파리에 돌아와 마지막 밤은 야경을 감상하기 위해 이른 저녁을 먹고 유람선을 탔다. 센 강가에는 연인과 친구끼리 모여 술을 마시거나 이야기하고 간혹 춤을 추는 모습도 보였다. 명주바람이 불었고 에펠탑 쪽으로 배가 서서히 나아가고 있었다. 배의 가장자리 난간에 서서 우리 셋은 카운트다운을 외쳤다. 9시 정각이 되자 에펠탑 전체가 반짝반짝 빛났다. 모두들 일제히 탄성을 질렀다. 빛나는 에펠탑처럼 내 인생에 화려한 불빛이 켜진 최고의 순간이었다.

다음 날, 우리는 스위스로 향했고 독일에서 마지막 여정을 보내며 2주간의 여행을 마쳤다. 가는 곳곳마다 좋았지만 다시 한번 가고 싶은 곳은 역시 파리다. 이제는 파리에서의 한 달 살기를 버킷리스트에 추가해 본다.

슬픈 바다 하제항에서

    키 큰 갈대밭 사이에 길이 있었다. 드넓은 갈대밭 속에 도저히 항구가 나타날 것 같지 않아 보였다. 검푸른 하늘에는 손톱만 한 초승달이 걸려 있고 옅은 안개 속에 날이 밝기 시작했다. 어둠 속에서 서서히 제 모습을 드러낸 것은 수십 척의 버려진 폐선. 그것은 풍요의 터전에서 배들의 무덤으로 바뀐 쇠락한 하제항의 실체였다.

    새만금 간척사업으로 폐항이 되어버린 곳이다. 물속에 잠긴 채 옆으로 누워 있는 목선도 있고 완전히 잠겨 끄트머리만 보이는 배도 있었다. 육지에 널브러져 있는 배들 중에는 약간 녹이 슬었을 뿐 겉보기에 멀쩡한 배들도 여럿 보였다.

    배들은 인간의 군상과도 닮았다. 한창 일할 나이에 일자리를 잃은 사람들이 실의에 빠져 있는 것처럼 느껴졌다. 그중 옆으로 쓰러진, 삼분의 일이 물에 잠긴 배 한 척이 눈에 띄었다. 여러 개의 밧줄에 매달려

의지한 배는 아직은 멈출 수 없노라고 고기를 잡으러 떠날 수 있다고 온몸으로 외치는 것만 같았다.

그들은 어느 날 갑자기 버려졌을 듯하다. 이유도 모른 채 하염없이 주인을 기다리고 있는 것은 아닐까. 나도 이제 여기저기 고장 나 삐걱대지만 더 녹슬기 전에 어디론가 길을 나선다. 떠나고 싶을 때 매번 떠날 수는 없는 일. 불쑥 발목을 잡는 것들은 늘 존재한다. 마음대로 되지 않는 녹록지 않은 현실처럼 밧줄에 묶인 채 낡아가는 저 배는 어쩐지 내 모습을 보는 것처럼 짠했다.

성진호, 신선호, 해진호, 해원 마린호와 세월 속에 이름이 지워져 알 수 없는 배들의 지난 시절은 어떠했을까. 고기를 잔뜩 잡아 만선으로 행복하게 돌아오는 날이 많았을 것이다. 뱃머리에 나부끼는 깃발은 닳고 닳아 반쪽이 되었지만 묵묵히 견뎌내고 있는 듯 보였다.

커다란 방파제가 있는 흔히 보던 항구가 아니고, 그다지 크지 않은 돌을 쌓아 육지와 평평하게 맞닿은 모습은 낯설었다. 일제강점기에도 번성했던 군산의 항구들은, 지나가던 개의 입에도 돈이 물려 있을 정도로 고기가 많이 잡히는 곳이었다.

새만금 간척을 하기 전에 하제 마을은 조개잡이로 유명했다. 십여 년 전까지만 해도 드넓은 갯벌은 노랑조개, 동죽, 백합, 모시조개 등이 많이 나는 보물 창고였다. 흔히 알고 있는 도구로 사람이 조개를 캐서 잡는 방법이 아니었다. 스크루가 달린 땅떠기 배를 사용해 잡을 정도로 조개가 많은 곳이었다니 안타까움이 더해졌다. 간척사업과 남획으로 어족자원이 고갈되면서 연근해 어업은 위기를 맞이했다. 정부에서는 이런 문제를 해결할 목적으로 노후화된 어선을 폐선으로 하는 대신 보상금을 지급했다. 갯벌이 사라지자 포구의 기억을 잃은 마을은 자취도 없이 구멍 뚫린 벽과 허물어진 집들만 남았다.

영화롭던 시절은 언제 적 일인지 모르게 지나갔고 곳곳에 폐그물과 쓰레기가 쌓여 악취를 내뿜고 있었다. 또 한 척의 배가 내 시선을 사로잡았다. 작은 어선보다는 제법 큰 규모의 배가 하늘 높이 뱃머리를 들고 있었다. 바다로 나아갈 수 없으니 이제 하늘로 날아가고 싶은 꿈을 꾸는 것일까. 특이하게 배의 중간에 구멍이 뚫린 곳에서 아래로 늘어진 채 식물이 자라고 있었다. 썩어가는 나무토막에 뿌리를 내린 까마중과 노란 엉겅퀴였다.

이제 곧 겨울 추위가 닥칠 터인데 까마중은 푸른 열매를 잔뜩 달고 검게 익어가는 중이었다. 노란 엉겅퀴는 시든 꽃송이와 잘 여문 씨앗을 단 채 두 줄기가 서로 얽혀서 의지하며 사는 것처럼 보였다. 자세히 들여다보니 흙이 한 줌도 없는 썩은 나무토막에 늦게나마 싹을 틔우고 열심히 살아낸 그들이 대견했다. 나도 가을을 살아가고 있다. 가을은 낙엽이 꽃이 되는 두 번째 봄이라고 알베르 카뮈가 말했듯이 나이 듦은, 단지 쇠락하는 것만이 아닐 것이다.

엉겅퀴의 홀씨는 하얗고 탐스럽게 빛나고 있었다. 새로운 여정을 찾고 싶은 내 마음을 그 배에 투영시키며 홀씨에 입김을 불어 후하고 날려 보냈다. 다음 생에는 멀리 날아가 이곳만큼 힘들지 않은 곳에서 자랐으면 좋겠다는 바람을 가져보았다.

하제항 슬픈 바다 위를 검은 가마우지와 기러기 떼가 무심히 날아가고 있었다. 배들의 소리 없는 외침을 들은 척 만 척 세상은 아무 일도 아니라는 듯 흘러가고 있는 것이었다.

집밥도 레스토랑처럼

한남동에 있는 쿠킹 클래스에 가게 되었다. 낯선 곳에서 처음 보는 사람들과 수업을 듣는다는 것이 좀 망설여지긴 했다. 그래도 혼자 오는 사람이 많고 굳이 대화하지 않아도 된다고 하니 낯가림이 있는 내게는 그리 불편하지 않을 듯했다.

수업 공간은 아일랜드식 주방이 중앙에 있고 창 옆으로 기다란 8인용 식탁이 있었다. 식탁에는 하얀 레이스 식탁보가 깔려 있고 파스텔톤 색감의 꽃이 꽂힌 꽃병과 앤틱한 촛대 옆에 예쁜 그릇들이 놓여 있었다.

결혼하기 전 내가 꿈꾸던 식탁, 영화에서 볼 수 있는 로맨틱한 분위기였다. 또 하나의 방에도 원형 식탁이 비슷하게 꾸며져 있었고 벽에는 그림 한 점, 아기자기한 소품이 장식된 장식장이 있었다. 잔잔히 흐르는 음악과 창밖으로 보이는 은행나무 푸른 잎들이 긴장을 누그러뜨려 주었다.

　　셰프는 젊은 여성으로 성격이 서글서글했다. 요리가 시연되는 식탁 앞 의자에 앉아 모두들 필기 준비를 했다. 함께 수업 듣는 열두 명의 사람들은 셰프와 비슷한 나이 또래의 여성들이 주였고 쌀국수 식당을 운영한다는 청년이 한 명 있었다. 예쁘게 차려입은 그녀들을 보면서 청담동 며느리들이 요리 수업 받으러 온 것 같은 느낌을 받았다. 그들 가운데서 조금은 쑥스러웠는데 이때만큼은 마스크로 얼굴을 가릴 수 있다는 것이 다행스러웠다.

　　셰프는 나를 보며 평소에 구절판을 해 먹는 요리의 고수가 아니냐고 했다. 나이 든 사람이 맨 앞에 앉아 있으니 잘할 것이라고 생각한 것인지 모르겠으나 잘못 짚었다. 요리하는 것보다 남이 해준 음식을 제일 좋아하는 주부일 뿐이다. 요리의 주제는 '마트 재료로 집밥도 레스토랑처럼'이었다.

　　셰프가 들려준 에피소드 하나가 우리들을 놀라게 했다. 이곳에서 수업을 받은 어느 엄마가 어린 자녀에게 모든 음식을 배운 대로 코스 요리만 해주었단다. 새벽부터 일어나 세 끼를 정성껏 차려주었는데 아이가 친구 집에 놀러 가서 음식을 먹고 온 후, 친구 엄마로부터 깜짝 놀랐다는 전화를 받았다는 것이었다. 그 아이는 모두가 코스 요리를 먹고 사는 줄 알았나 보다. 세상에, 그녀의 열정이 놀라웠다. 본인이 요리를 좋아하는 사람이라서 가능한 일일 듯하다.

　　첫 번째, 전채요리인 연어 세비체는 생소하지 않아서 좋았다. 큰딸이 만들어 준 굴 세비체를 먹어보고 나도 만들어 본 경험이 있었다.

아는 요리가 나오니 반가운 느낌이랄까. 알고 보니 굴 세비체가 이 셰프의 레시피였다. 주재료가 굴에서 연어로 바뀐 것이고 참외를 곁들여 화이트와인이 들어간 상큼한 소스를 뿌려 먹는 것이었다.

음식이 완성될 때마다 식탁에 앉아 시식을 했다. 연어 위에 올리는 케이퍼 베리는 처음 맛보았는데 올리브와 비슷하게 생겼지만 더 맛있었다. 연어를 좋아하는 막내딸에게 해주면 좋아할 요리이고 와인 안주로 먹으면 적격이겠다는 생각이 들었다.

두 번째는 여름야채 토마토 카레였다. 단호박, 가지, 옥수수, 토마토, 브로콜리니 등을 오븐에 구워서 닭 다리 살과 양파를 볶은 카레에 얹어 먹었다. 양파를 20분가량 오래 볶는 것이 중요하다. 닭고기에 고형으로 된 카레를 넣어 바특하게* 졸아들 때까지 오래 끓여서 깊은 맛이 났다. 고명으로 올리는 다양한 구운 야채들이 입맛을 돋웠다.

야채마다 오븐에서 익는 시간이 달라 타이머를 맞추고 순서대로 꺼내야 했다. 전체적으로 시간이 오래 걸려, 맛있는 음식은 시간과 정성이 필요함을 새삼 깨달았다. 나의 저녁 준비 시간은 보통 1시간 내외로 속성으로 할 수 있는 것만 하는 편이다.

마지막은 저온 삼겹 피타브레드였다. 밑간한 통삼겹살을 오븐에 구워 피타브레드 안에 야채와 소스를 곁들여 먹는 것이었다. 역시 남이 해준 음식은 다 맛있다. 더구나 진정한 요리 고수의 솜씨 아니던가.

---

* 바특하다: 국물이 조금 적어 묽지 아니하다.

근사한 레스토랑에서 코스 요리 먹는 것보다 더 색다르고 격조 있는 음식이었다. 아무튼 단조로운 일상을 벗어난 신선한 경험이었다.

시연하는 것을 보고 완성된 요리를 먹기까지 3시간 정도 걸렸다. 모든 재료를 밑 작업 했기에 단축된 것이다. 하루 전에 손질해서 재어 놓아야 하는 연어나 통삼겹살의 숙성 시간까지 손이 많이 가는 음식들이지만 어렵지 않고 충분히 만들 수 있는 음식이었다. 가성비를 생각한다면 좋은 엑스트라 버진 올리브오일, 사워크림과 서양 채소인 딜, 샬롯, 브로콜리니, 이태리 파슬리 등 온갖 재료들을 갖추어야 하니 식당가서 사 먹는 것이 나을 듯했다.

식구들에게 쿠킹 클래스 다녀왔다니까 언제 맛 보여줄 거냐고 기대의 목소리가 여기저기서 터져 나왔다. 얘기하지 말 걸 그랬나. 나 혼자 즐긴 것으로 충분했는데…

"기대하시라. 집밥도 레스토랑처럼."

돌아오는 남편 생일에 솜씨 한번 뽐내보기로 했다.

무심하고 민감하게

화초를 사랑하지만 일주일 동안이나 들여다보지 못했다. 바쁘다는 핑계로 무심했다. 어쩌면 나는 내 꽃대만 밀어 올리느라 애쓰고 있었나 보다. 한 박자 느리게 긴 숨을 들이마시고 내쉬어 보았다. 한파가 시작되고 추운 곳에서 겨울을 나야 하는 수국과 국화만 베란다에 그대로 두었고 다른 화분들은 모두 거실로 들여왔다.

2단짜리 화분 받침대와 작은 나무 의자에 빼곡하게 자리를 차지한 화초들은 인공 햇빛인 식물 등의 빛을 쐬고 있다. 햇빛이 잘 들지 않는 집인데 겨울에는 그나마도 아주 짧게 들다 사라져 식물 등의 존재를 알고 바로 구입했다.

식물 등의 빛은 자연광만큼은 못 미치나 비슷하게 대체할 수 있다니 얼마나 다행인지 몰랐다. 바쁘다는 핑계로 애정은커녕 오래 바라봐 주지 않았던 화초들을 둘러보았다. 누렇게 된 잎은 전지가위로 잘라주고 겉흙이 마른 화분에는 물을 주었다. 내가 좋아하는 카틀레야와 호접란을 십수 개 모아놓으니 소설 속 비밀정원이 부럽지 않았다.

식물을 키우면서 문제를 느끼기 시작한 것은 정성을 쏟는 가운데서도 시들시들 죽어버린 화초에 상심한 것이 아니라 오히려 해를 넘겨 살아남는 것들이었다. 사 올 때 흐드러지게 피었던 수국은 다음 해에는 꽃봉오리를 맺지 못했다. 호접란도 꽃대를 올리기 위해 온도 차이를 주느라 애썼지만 마찬가지였다. 내 정원은 수려하고 예쁘지 않았고 제멋대로 자라나거나 점점 못생긴 식물들만 늘어나고 있었다.

열심히 비료 주기, 가지치기, 분갈이 등 할 수 있는 것을 다 해주었다. 그런데 햇빛이 부족한 것은 어찌할 수가 없나 보다. 식물의 생장에 좋은 환경을 비슷하게 마련한다고 애썼어도 풍성한 잎과 꽃을 피운다는 결과가 나오진 않았다. 예쁘지 않게 자라고 있지만 그것은 어쩌다 내 베란다 정원으로 오게 된 식물들이 주어진 환경에서 어떤 식으로든 살기 위해 분투하고 있다는 뜻이기도 했다.

나는 요즘 화초들에게 꽃대를 올려달라는 주문을 하지 않았다. 남향집으로 이사를 가지 않는 한 불가능한 일이었다. 악조건 속에서도 그나마 잘 자라고 있어 고맙다고, 푸른 잎들만으로도 싱그러운 기쁨을 얻는다고 말해주었다. 내가 좋아하는 책들이나 펜, 매일 마시는 찻잔처럼 함께 살면서 일상의 공간을 구성하는 수많은 것 중의 '기분 좋은' 대상으로 충분하다. 통제할 수 있는 다른 것들과 달리 식물은 통제할 수 없고 오로지 세심하고 정성스럽게 돌봐야 하는 존재들이다.

호접란에 꽃대가 올라올 것이라는 기대를 접고 그저 함께 지내자고 생각하던 어느 날, 놀라운 변화가 생겼다. 한 화분의 잎과 잎 사이에 연두색의 아기 손톱만 한 무언가가 돋아나기 시작했다. 조금씩 자라고 있는 그것은 분명 꽃대이다. 우리 집에 온 지 일 년 육 개월 만이다.

그 난은 오랫동안 성장이 멈춘 듯 새잎이 나지 않았다. 어제 다르고 오늘 다를 텐데 눈에는 그 내면의 변화가 보이지 않아 답답했다. 나의 글쓰기, 문학적인 성취가 멈춘 듯 잘 보이지 않는 것처럼 말이다. 하지만 난은 더디고 느리게 새잎을 키웠고 드디어는 꽃대를 밀어 올렸다.

난잎이 쪼글쪼글 말라 죽을 때 나는 좀 더 가드닝에 솜씨가 있었으면 좋겠다고 바랐다. 글쓰기 또한 재능이 부족함을 탓하기도 했다. 햇빛의 부족함을 식물 등이 대체했듯이 글쓰기에도 또 다른 노력이 필요한 것이리라. 침체되어 멈춘 듯 보이는 나의 글쓰기도 꽃대를 밀어 올리는 날이 올까.

소중한 식물들에게 좀 더 민감해지고 정성을 쏟으려고 노력한다. 그러나 동시에 내가 어떻게 하든 그들도 이 공간에서 자신의 방식으로 살아가고 또한 죽는 것들도 있으리라고 생각한다. 다만 나는 한편으로는 무심하고 때로는 민감하게 식물들과 오래 함께 살아가고 싶다.

유럽에서 온 사진

딸깍, 필름실 덮개를 열자 그 안에 필름이 들어 있었다. 처음에는 쓰지 않은 새 필름인 줄로만 알았다. 필름을 꺼내 자세히 살펴본 남편은 현상된 것이라고 했다. 왜 현상된 필름을 카메라에 다시 끼워놓았던 것일까. 그 이유를 짐작할 수는 없지만 어떤 사진일지 매우 궁금했다.

남편이 수집하고 있는 것은 오래된 클래식 카메라이다. 처음에는 디지털카메라로 꾸준히 사진을 찍더니 몇 년 전부터 필름 카메라가 매력이 있다고 마음을 바꿨다. 그는 찍는 것에 그치지 않고 외국에서 직구를 통해 하나둘씩 사 모으기 시작했다. 일본, 독일, 미국, 영국 등등 다양한 나라에서 온 빈티지 카메라는 오래된 것은 백 년 된 것도 있고 대체로 육칠십 년 된 것들이다. 내가 보기에도 예쁜 가지각색 디자인의 카메라가 장식장 안을 가득 채워 그는 커다란 장식장을 사고 싶다고 노래를 부른다.

어느 날, 오스트리아에서 구입한 카메라 열두 대가 도착했다. 남편은 하나씩 꺼내서 상태를 확인하기 시작했다. 그중에서 현상된 필름이 끼워져 있는 것을 발견하게 된 것이다. 필름을 잘라 스캔기에 올려놓는 그를 지켜보았다. 나는 그 어느 때보다 호기심에 가득 차 컴퓨터 화면에서 시선을 뗄 수 없었다.

드디어 사진이 화면에 차례로 나타났다. 모두 열여섯 장의 흑백 사진에는 할머니와 할아버지, 손자로 보이는 대여섯 살가량의 귀여운 금발 소년이 등장했다. 반팔 옷을 입은 것으로 보아 계절의 배경은 여름이다. 동물원에서 낙타와 기린을 구경하고 연못의 오리와 새들을 바라보며 환하게 웃는 아이가 귀여웠다.

구글로 사진을 검색하니 오스트리아 빈 쇤브룬 궁전 내에 위치한 쇤브룬 동물원에서 촬영된 것이었다. 둥근 의자에 앉아 찍은 사진이 있었는데 할머니가 손자를 사랑스럽고 흐무지게* 바라보는 얼굴 모습이 눈길을 끌었다. 내게도 두 명의 손자가 있기에 그 표정에 더욱 공감이 갔다. 그녀의 체구는 아담하고 통통하며 온화해 보이는 인상이다. 커트 머리를 뽀글거리게 파마한 차림과 수더분한 얼굴이 동네에서 마주칠 수 있는 평범한 이웃의 할머니 같아 보였다.

세 장의 사진은 눈 덮인 웅장한 산봉우리가 눈에 띄며, 울창한 숲 주변의 멋진 마을 풍경을 찍었다. 독일 바이에른주와 오스트리아 잘츠

---

* 흐무지다: 몹시 흐뭇하다.

부르크주 국경에 걸쳐 있는 알프스산맥의 모습들, 프랑스 오트사부아 지역에 위치한 마을의 모습이었다. 할머니 옆에 세워진 클래식 자동차가 오래된 시대적 배경을 느끼게 해주는 독일 바이에른주 베르히테스가덴 중앙역 모습도 있었다.

오스트리아 인스브루크에 위치한 묄라우 다리에서 꽃무늬 원피스를 입고 먼 곳을 바라보는 할머니의 사진도 있다. 머리가 좀 벗겨지고 안경을 쓴 할아버지의 독사진은 흔들려서 얼굴을 선명하게 볼 수 없어 안타까웠다. 모든 인물은 특이하게 정면의 카메라를 응시하지 않고 옆모습이나 뒷모습이다. 인물의 움직임을 자연스럽게 포착해 찍은 스냅사진으로 부부끼리 여행을 떠나서 서로를 찍어준 것으로 보인다.

이 카메라의 주인은 아마도 할아버지가 아니었을까 짐작된다. 사진에 담긴 시절이 대략 1960~1970년대라고 추정할 수 있는데, 할머니와 할아버지는 현재 이 세상 사람이 아닐지도 모르겠다. 카메라를 판 사람은 어른이 된 사진 속의 손자일까. 아마도 현상된 필름이 들어 있는지 모르고 판매한 것 같았다. 가족에게는 소중할지도 모를 추억의 사진 필름을 돌려주고 싶어도 돌려줄 수가 없다. 일대일로 구입한 것이 아니라 오스트리아의 카메라 중개상이 수집한 것들을 모아서 판 것이기 때문이다.

눈뜨고 일어나면 새로운 것이 쏟아지는 시대에 살고 있다. 자꾸만 밀려나기도 하지만 오래되고 낡은 것에는 새로운 것이 흉내 내지 못하는 면이 있다. 레트로는 'retrospect(회상)'의 줄임말이다. 과거의 새로운 재발견인 것이다. 그 시대만의 멋이라고나 할까. 옛것은 바래진 만큼 우리에게서 옅어졌다. 그리고 우리는 한동안 그것을 찾지 않았다.

새로운 것에 취해 새로운 것에 매료되었고 편의를 즐기기 바빴다. 어느 날 불현듯 그리움이란 것이 손을 내밀기 전까지 말이다. 옆에 있을 때는 알지 못했던 것이다. 즉석에서 확인 가능한 디지털카메라의 편리함을 벗어나 현상과 인화의 과정을 거치며 사진을 기다리던 설렘의 시간들이 떠올랐다. 과거 우리와 함께했으나 멀어져 간 것들을 다시금 마주하게 되니 그리움이 해소되는 듯했다.

우연히 딸려 온 필름으로 인해 머나먼 곳에 살았던 누군가의 추억을 감상할 수 있었다. 장식장 안에 진열되어 있는 각각의 카메라에는 어떤 이야기들이 담겨 있을까. 세계 각지에서 온 것으로 저마다 색다른 배경과 다양한 인종의 인물들과 삶을 렌즈 안에 담았을 것이다.

먼 훗날 만일 누군가에게 내 모습이 담긴 사진 필름을 보여준다면 과연 어떤 모습을 담을지 생각해 본다. 아마도 여행을 좋아하고 사진 찍기를 좋아하는 우리 부부의 모습은 유럽에서 온 사진 속의 노부부와 닮은꼴이지 않을까.

어쩌면 과거의 일상을 상상 속에서나마 잠시 복원시키는 힘, 빈티지 사물이 가진 매력에 푹 빠져본 시간이었다.

동구릉의 품

만일 타임머신을 타고 조선시대로 갈 수 있다면 어느 왕이 살던 시대로 가고 싶은가. 동구릉을 산책하다가 문득 상상의 날개를 펼쳐보았다. 조선의 왕과 왕비가 잠들어 있는 이곳은 조선 왕조 오백 년의 역사가 면면이 스며 있다. 현대를 살아가는 내게는 오백 년의 세월이 짧게만 느껴지고 오래전 일이 아닌 것처럼 여겨졌다.

능역과 속세를 구분하는 금천교를 건넜다. 입구에는 양쪽의 소나무가 길 안쪽으로 휘어져 임금을 향해 절을 하는 듯 보였다. 홍살문을 지나 어로를 따라 걸어 들어갔다. 봉분에는 가까이 올라갈 수 없으니 건원릉 정자각에서 올려다보았다. 동구릉의 가장 북쪽에 자리 잡고 있으며 가장 높고 산세가 좋은 곳에 위치해 있다. 석호와 석양저럼 왕궁 가까이에서 육백여 년 전의 흔적을 찾아보고 싶었으나 봉분의 억새를 바라보는 것으로 대신했다.

새로운 나라의 건국, 조선의 시작이 가장 궁금했으므로 나는 기꺼이 태조 임금 때로 돌아가 상상의 타임머신을 도착시켜 본다. 변방의 무인에서 시작하여 결국 새로운 시대를 열었지만 자신의 아들 이방원의 반란으로 인해 권력의 자리에서 밀려난 태조. 씁쓸한 말년을 보내다 승하했고 이곳 동구릉에 영원히 잠들고 말았다.

태조가 묻히던 날을 떠올려 보았다. 장례 행렬을 지켜보는 백성들의 마음은 어떠했을까. 고려에서 조선으로 나라가 바뀌었고 첫 번째 임금이 세상을 떠났다. 어렵게 쟁취한 권력도 언젠가는 놓아야 하고 때가 되면 누구나 죽음에 이르는 섭리에 허망함을 깨닫지 않았을까. 그렇지만 이후에도 형제나 아들을 죽이면서까지 권력을 탐하는 자들의 역사는 계속 이어지고 있다. 현재에도 끊임없이 권력 쟁탈전이 벌어지고 있고 아마도 세상이 멸망할 때까지 반복되는 일이리라.

각각의 능 주변에는 푸른 소나무들이 왕을 호위하듯 감싸고 있다. 소나무의 줄임말은 '솔'로 뜻은 으뜸이라고 한다. 우리나라 사람들이 으뜸으로 여겼기에 왕릉에는 어김없이 소나무가 있다. 어느 사진작가가 "무덤가 소나무는 영혼을 하늘로 인도하는 안내자"라고 했듯이 수백 년 수령을 지닌 노송들에게는 신령한 기운이 물씬 느껴졌다. 거북이 등껍질 같은 단단한 수피에 인고의 시간을 새겼을 듯하다. 노송은 백성들의 삶을 묵묵히 내려다보았을 것 같았다. 백성들의 삶은 안정이 되어갔는지, 혹은 개혁으로 인해 어수선하고 힘들지는 않았는지 왕의 마음처럼 지켜보지 않았을까.

건원릉을 나와 나무가 우거진 숲길을 걸었다. 하늘이 보이지 않을 정도로 짙은 그늘을 드리운 오래된 숲이 집 근처에 있다는 것은 축복이다. 우리 집에서 도보로 15분 정도 걸으면 도착할 만큼 가까워서 좋다. 아이들이 어렸을 때는 김밥을 싸서 함께 소풍을 나왔고 때로는 친구들과 이야기를 나누며 걷기도 했다.

최근에는 남편과 주말이면 자주 운동 삼아 걷곤 한다. 혼자서 무거워진 생각들을 정리하고 우울한 마음을 떨쳐버리기에 동구릉 산책만큼 좋은 곳은 없다. 왕들이 잠든 곳이니 풍수지리적으로 명당인 동네에서 좋은 기운을 받고 살아간다는 흐뭇한 기분도 든다.

나무들은 저마다의 색으로 물들기 시작하고 한적한 숲에 도토리 떨어지는 소리가 들려왔다. 숲을 거닐면서 이곳은 처음부터 넓게 조성된 것인지 시간의 흔적을 더듬었다. 1408년부터 시작되어 1904년까지 무려 496년 동안 굉장히 긴 조성 역사를 갖고 있었다. 일반적으로 조선 왕릉은 한양 도성에서 출발한 왕이 하루 안에 참배를 마치고 돌아올 수 있는 거리여야 했다.

즉, 백 리 내에 설치하고 왕릉 주변의 십 리에 해당하는 지역 내에 민가나 묘지는 당연히 없어야 하며 전답 또한 일구지 못하게 하였다. 왕릉 일대에 사는 백성들의 고통이 컸을 듯하다. 아이러니하게도 그 때문에 자연이 훼손되지 않고 잘 보존되어 후세의 우리가 혜택을 누릴 수 있게 되었다.

아름드리나무 사이에서 커다란 나무 그루터기가 눈길을 끌었다. 태풍에 쓰러져 베어진 것인지, 번개를 맞아 부러진 것인지 알 수 없지만, 고목은 결국 죽음을 맞았다. 그루터기만 남아 썩어가는 것들이 군데군데 눈에 띄었다. 온통 작은 버섯들에게 자리를 내어줬는가 하면 작은 나무나 잡초가 자라고 있기도 했다.

그중에서도 특이한 그루터기가 있었다. 나무등치의 겉면은 아직도 삶의 미련을 놓지 않은 듯 신선한 이끼로 푸르게 뒤덮여 있었다. 원형의 테두리 안에는 많은 것들을 품고 있는 작지만 나무의 세상, 그만의 영역이 건재했다. 여러 개의 도토리, 잣송이와 잣 알갱이들은 올가을 그의 품속으로 떨어져 아직 윤기가 흘렀다. 마음만 먹으면 돌아오는 봄에 싹을 틔워 굴참나무, 잣나무로 키울 수도 있을 듯하다. 이미 한 뼘 크기의 아기 소나무, 이름 모를 풀을 키우고 있었다.

이 나무가 원래 어떤 나무였는지는 알 수가 없었다. 죽은 지 오래돼서 이끼로 뒤덮였고 수피를 알아볼 수조차 없는 상태였다. 얼마만큼의 세월을 살았던 것일까. 왕릉을 지킨 나무이니 오래전부터 긴 시간을 살다가 죽음을 맞이했을 것이라고 짐작할 뿐이었다.

한자리에서 붙박이로 살았던 나무의 생애는 어떠했을까. 그가 지켜본 역사의 장면 장면들은 또 어떤 나이테를 만들었을지 헤아려 보게 되었다. 무심하게 바람이 불고 햇살이 비치는 숱한 아침을 맞이했을 테고 한가롭게 뛰어다니는 다람쥐의 모습도 바라보았을 듯싶다. 또한 폭풍우와 눈보라 치는 추위도 견뎌냈을 터이다.

그루터기 안에는 낙엽이 내려앉아 있고 한쪽 귀퉁이에는 거미가 거미줄을 쳐놓았다. 흙 한 줌 없어도 몸체와 낙엽이 썩어서 거름이 되고 날아온 씨앗이 움터 자란다. 그루터기만 남았을지라도 자신의 공간 안에 삶과 죽음이 공존하며 순리대로 흘러가고 있었다. 나무는 죽었으

되 자신의 모든 것을 내어주며 후손에게 밑거름이 되어주는 역할을 하고 있다. 시간이 흐르면 풍화되고 흔적이 없어질 테지만 아직은 나무의 영역이 온전하고 그곳에서 새 생명을 키워내고 있는 모습은 삶과 죽음을 묵상하게 한다.

    먼 훗날, 그루터기마저 평온하게 몸을 뉘어 아무런 흔적 없이 흙으로 돌아갈 것이다. 나무는 왕처럼 커다란 무덤이나 비석을 세우지 않았다. 태어난 자리에서 성장하여 욕심부리지 않고 자신의 몸피만큼의 영역 속에서 스러져 깊은 잠에 들었다.

    사색의 길을 거닐며 동구릉은 어머니와도 같은 커다란 품 안처럼 느껴졌다. 수십 년 동안 그 품속에서 고단함을 내려놓고 편안한 휴식을 누리고 있다. 앞으로도 찾아올 때마다 비슷해 보이지만 날씨만큼 매일매일 새로운 풍경을 아낌없이 내어줄 것이다. 가을빛으로 물드는 왕릉에서 성찰의 시간을 보냈다.

빈방

　큰딸이 신혼여행에서 돌아오기 전, 그녀의 방을 정리했다. 혼자만의 방을 처음 가져보는 막내딸은 언니가 옆에 없으니 잠이 오지 않는다고 했다.

　결혼식 하기 한 달 전부터 신혼집으로 딸의 짐을 몇 차례 보냈다. 그녀의 마지막 짐을 싸며 우리는 눈물을 흘리게 될 줄 알았다. 그러나 막상 가구들 옮기고 정리하는 일에 몰두하다 보니 슬퍼할 새가 없었다는 것이 다행이었다.

　막내딸 방에는 이제 큰딸의 흔적이 거의 보이지 않는다. 같이 쓰던 화장대는 그대로이나 옷장을 열어보면 그녀의 옷이 없다. 구석구석 살펴보면 가져가지 않은 잡동사니나 편지 상자, 앨범 등이 있다. 오롯이 그녀만 빠져나간 방에서 내 마음자리는 휑하니 바람이 분다.

　저녁이면 큰딸이 회사 다닐 때처럼 퇴근해서 돌아올 것 같고, 큰 가방 들고 여행 잘 다녀왔다며 들어올 것만 같다. 서로 시간 내서 만날 수도 있지만 예전처럼 자유롭지 않은 현실이 내 둥지를 완전히 떠났음을 실감한다.

나는 사위가 퇴근한 저녁 시간이나 주말에는 전화하지 않는다. 듬직하고 다정한 사위와 알콩달콩 신혼 재미를 느끼고 있을 딸을 방해하고 싶지 않다. 이제 친정보다 시가에 더 자주 가고 며느리로서의 역할에 적응해 가야 한다.

어떻게 지내는지 무얼 하는지 궁금한데 그녀는 날 닮아 무심한 편이다. 전화 자주 하라고 해도 연락이 없어서 기다리다 먼저 하게 된다. 보고 싶어서 생각만 해도 눈물이 나는 것을 딸은 알 수 없을 것이다. 이제야 내가 부모님 심정을 알게 된 것처럼 그 애도 나중에 깨닫게 되겠지. 그래서 딸이 보고 싶으면 엄마에게 안부 전화를 건다.

나이를 한 살 더 먹을 때마다 외로움은 더 크게 자리를 넓혀간다. 소통할 수 있는 사람은 점점 더 적어진다고 할까. 혼자 밥도 잘 먹고 잘 지내는 편이었는데 혼자 있는 시간을 견디기가 힘들어진다. 모든 것에 의욕을 상실하고 매사가 귀찮기만 하다. 기분 전환을 위해 외출하는 것도 내키지 않아 방에만 틀어박혀 있다. 여기저기 몸에서는 고장 신호가 온다. 여행이 최고의 치료제인데 언제나 떠날 수는 없지 않은가.

아들은 군대에 가 있고 게다가 팔월에는 막내딸마저 일 년 동안 대만으로 교환학생을 떠난다. 집에는 달랑 남편과 어머님, 세 명만 남는다. 세 아이 모두 출가시킨 연습 기간으로 생각해야 될 것 같다. 홀가분하게 글쓰기에 전념할 수 있으면 좋겠다.

유아차 안에 반려견을 태우거나 업고 다니는 할머니들을 이제는 이해할 수 있다. 동물을 좋아하지 않는 나로서는 유난스럽다고 여겼으나 외롭기 때문이란 걸 알게 되었다. 자식들은 손님처럼 가끔 찾아왔다 갈 텐데 강아지는 늘 재롱도 부리고 친구가 되어 외로움을 달래줄 것 아닌가. 어쩌면 배신을 잘하고 관계를 힘들게 하는 사람보다 동물이 훨씬 위안을 주는 존재인 듯싶다.

따스한 햇살 받고 앞다투어 꽃이 피는 봄은 내가 가장 좋아하는 계절이다. 내 마음의 어두운 빈방에도 환한 햇빛이 비치기를, 새로운 싹이 자라나기를 바랄 뿐이다.

게릴라 가드닝

한낮의 뜨거운 열기가 가라앉고 어둑해지는 저녁, 그 골목에 도착했다. 자그마한 빈터에는 여전히 잡초와 쓰레기뿐이었다. 가꾸는 이 없이 방치된 땅에 잔뜩 버려진 일회용 컵들과 담배꽁초를 비닐에 주워 담고 잡초도 재빠르게 뽑아냈다. 준비해 간 '씨드볼(씨앗폭탄)'을 군데군데 뿌렸다. 짧은 시간이었지만 누군가의 눈에 띄지 않기를 바랐다. 그 사이 완전히 해가 졌다. 지나가는 사람도 없었고 어둠이 가려주고 있어 다행이란 생각이 들었다. 마침 내일은 비가 온다는 일기예보가 있었다. 야생화 씨앗이 잘 싹터 꽃이 피기를 바라며 버려진 땅을 갈음한다*는 생각에 흐뭇했다.

* 갈음하다: 본디 것을 대신해 다른 것으로 바꾸는 것

산책길에 나서면 동네 주택가의 골목에서 아기자기한 풍경을 만날 수 있다. 담장 옆, 발그레하게 익어가는 앵두나무는 어릴 적 살던 시골집의 추억을 떠올리게 했고, 화분에 빨간 덩굴이 늘어져 있는 것을 발견하기도 했다. 살펴보니 야생 뱀딸기였다. 뱀딸기를 화초로 키운다는 것은 적잖이 놀랍고 신선했다. 화원이 아닌데 수십 가지의 화분이 먼저 손님을 맞이하는 가게도 있고, 올라가는 계단마다 화초가 놓여 있는 이층집의 모습도 정겹게 다가왔다. 각자의 정원을 가질 수 없는 도시에서 정원을 그리워하는 마음들이 읽혀진다.

　다큐멘터리 프로그램을 보다가 '게릴라 가드닝'에 대해서 알게 되었다. 게릴라(기습적인 행동)와 가드닝(정원 가꾸기)의 합성어로, 도심 속 방치된 공간에 게릴라처럼 몰래 꽃과 나무를 심어 가꾸는 환경개선 운동을 말한다.

　나도 평소에 골목길을 산책하며 버려진 작은 땅에 꽃을 심으면 좋을 것 같다는 생각을 종종 했다. 시에서 자투리땅에 손바닥 공원을 만들었을 때 기뻤는데 일회성에 그치고 말아 아쉬운 마음이 들었던 적이 있었다. 예쁜 꽃이 핀 곳에는 사람들이 쓰레기를 함부로 버리지 않을 것 같다는 생각을 하던 차에 우연히 다큐를 보았고 실천하게 된 것이다.

　'씨드볼'은 흙과 물을 섞은 반죽에 씨앗을 넣어 작은 폭탄 모양으로 만든다. 이것을 도시 곳곳의 땅에 살며시 놓아두면 알아서 씨앗이 발아되고 성장하기 때문에 게릴라 가드너의 무기가 된다. 폐공장처럼 넓은 공터에는 새총을 이용해 씨앗폭탄을 날리는 방법도 보았다. 씨드볼의 장점은 흙을 파서 씨앗을 심는 기존의 방식을 따를 필요 없이 주머니에 챙겨 산책길에 원하는 곳에 툭 던져놓으면 된다.

'게릴라 가드닝'의 역사는 1970년 미국 뉴욕, 휴스턴 거리의 공터에서 한 예술가와 그의 친구들에 의해 시작되었다. 한밤중에 지저분한 공터의 쓰레기를 치워버리고 꽃밭을 만들었던 것이 계기가 되어 유럽을 비롯해 전 세계적으로 널리 퍼져 나갔다.

한국에도 활동하는 사람들이 있다고 하니 환경을 지키기 위해 노력하는 사람들의 마음은 비슷한가보다. 이러한 활동들이 모든 사람들에게 환영을 받기만 한 것은 아니었다. 땅 주인이 불법 침입이라는 이유로 소송을 하거나 애써 심은 꽃과 나무를 뽑아버리는 일도 있다고 한다. 그래도 지저분한 곳을 깨끗이 치우고 꽃을 가꾸며 아름답게 변화된 마을과 도시가 더 많아졌다는 것은 바람직한 일이 아닐 수 없다.

이제는 더 나아가 예술과 결합시키는 점이 경이롭다. 다큐에서 무명의 화가가 빈 깡통에 그림을 그리고 그 안에 어디서든 잘 자라는 종류의 식물을 심는 장면을 보았다. 그는 밤이 되자 식물이 담긴 여러 개의 깡통을 자전거 바구니에 담고 도시를 누비며 가로등 아래에 매달아 놓았다. 그가 그린 그림은 몬드리안의 추상화 같은 느낌을 주었다. 거리를 지나는 사람들은 멋진 미술 작품 안에 자라나는 싱그러운 식물까지 감상하며 미소 짓는다.

"꽃과 식물은 의식의 혁명이다.", "식물은 이 사회의 고동치는 심장이다."라고 외치며 열심히 활동하는 게릴라 정원사들이 있기에 세상은 더 아름다워지는 것이 아닐까.

2부

닻

 언젠가 서해안 어느 바닷가를 산책할 때 갯벌에 박혀 있는 닻을 본 적이 있었다. 버려진 것인지 아니면 주인을 기다리고 있는 것인지 썰물에 닻 하나가 동그마니 제자리를 지키고 있던 모습이 떠올랐다. 제자리를 지키고 책임을 다한다는 것은 늘 어려운 일이다.

 닻에게서 우리 삶의 여러 모습이 투영되는 지점이 있다. 인간에게 있어 닻이란 가족이 아닐까. 망망대해를 항해하다가도 포구에 닻을 내리고 정박했을 때 편히 쉴 수 있는 것은 가족이라는 버팀목이 있어서일 것이다. 가족이란 반대로 자유롭게 바다라는 세상으로 나아가지 못하게 묶어두는 닻 같은 존재이기도 하다. 모든 것에는 양면성이 있는 것처럼 말이다.

 홍원항에는 녹슨 닻들이 켜켜이 쌓여 있는 길이 있다. 녹이 슬어 붉은 닻들은 위협적이었다. 커다란 갈퀴의 쇳덩어리가 나를 움켜잡을 것 같았다. 화살표 모양의 갈고리를 하늘 위로 시위하듯 뻗치고 침묵으로도 전해지는 아우성! 그들의 도열은 전쟁터로 나가기 전의 군사들과 무기처럼 웅장하여 압도되고 말았다. 인간들의 삶도 세상이란 전쟁터에서 살아남기 위해 자신의 능력을 키우며 무장하지 않던가. 날카롭고 우람한 각각의 닻은 어떤 사연들이 있을까.

얕은 바다에서 배를 정박시킬 때 매어두는 도구가 닻이다. 배가 바다로 고기잡이하러 나갔을 때는 닻을 던져 물 밑바닥으로 가라앉힌다. 갈고리가 흙바닥에 박혀 배가 움직이지 못하게 되는 것이다. 닻에는 배를 연결하는 닻줄이 걸려 있다. 조류에 끌려가지 않도록 붙잡아 주고 줄은 파도와 너울에 배가 적당히 흔들리며 수평을 유지하게 돕는다.

항구 맞은편 너머로 쌓여 있는 닻들이 눈에 들어왔다. 항구에는 백 사십여 척이 넘는 어선이 정박해 있었다. 바닷속에 있는 닻은 더러운 진흙에 자신의 얼굴을 박고 배를 고정하는 본연의 임무에 충실해 있을 것이다. 할 수만 있다면 물속에 들어가 배와 연결된 닻의 모습을 보고 싶었다.

여기저기 거닐며 관찰하는 동안 남편은 사진 찍을 준비를 하느라 여념이 없었다. 삼각대를 세우며 세심하게 구도를 잡고 있었다. 물끄러미 닻과 남편을 바라보았다. 문득 남편은 닻과 닮은 점이 많다는 생각이 들었다. 세상이라는 넓은 바다에서 그는 얼마나 풍파에 흔들리지 않으려고 애썼을까. 바닷속에 닻 갈고리를 깊이 박아 중심을 지키고 인내하며 배의 무게를 감당했을 것이다. 그는 장남으로 결혼한 후 많게는 여덟 식구의 생계를 혼자 책임져야 했다. 그는 갈마드는 파도에 흔들리지 않고 든든하게 가족을 지키는 닻이 되어주었다.

닻들이 쌓여 있는 주변에는 어망, 커다란 부표들, 폐그물이 부려져 있었다. 쓰레기 더미에서 생선 썩는 악취가 났다. 짭짤한 바닷바람 속에 실려 오는 아까시나무꽃 향기가 그나마 숨통을 트이게 해주었다. 산다는 것은 마냥 달콤하지도 악취가 나는 것만도 아닌 것처럼 말이다.

녹이 슨 닻들은 크기가 제각기 달랐다. 배의 크기에 따라 크고 작은데 큰 것은 이 미터가 훌쩍 넘었다. 한일, 대동, 순풍, 신진, 대운 등 이름이 쓰여 있는 것도 있었다. 짐작할 수는 없어도 혼자 감내해야 했던 남편의 모습을 보는 것처럼 안쓰러웠다.

제 일을 할 때에는 해를 한 번도 보지 못하고 바닷속에 잠겨 있던 닻들은 앞산에서 들려오는 뻐꾸기 소리를 들으며 햇빛을 쬐고 있었다. 바닷속에 단단히 박혀 있는 것이 닻의 일이라면 지상에서 그들은 쉬고 있는 것일 테다. 닻들은 무료함을 견디며 출항하는 날을 손꼽아 기다리는지도 모르겠다.

우리 가족은 남편의 굳건함으로 안온하게 지낼 수 있었다. 가장의 역할 말고 그에게는 어떤 꿈이 있었을까. 사십여 년을 열심히 일해온 남편은 머지않아 퇴직을 앞두고 있다. 요즘 퇴직 이후에 어떻게 살 것인지 고민이 많아 보였다.

작은 닻 하나가 눈에 띄었다. 갯벌 흙이 여기저기 굳어 있고 굴 껍데기와 따개비가 촘촘히 붙어 있는 것이 아닌가. 바위도 아닌 쇠에 굴이랑 따개비들이 붙어 생명을 키워냈던 것이다. 얼마 동안 고난의 여정을 보낸 것인지 바닷속 이야기를 상상 속에 그려보았다.

오래된 닻은 낡은 그물을 덮어쓰고 거미줄이 잔뜩 쳐져 있고 녹슨 곳이 심해 만지면 부서질 듯했다. 제 할 일을 다 마친 닻에게 "수고 많았어. 이제 그만 쉬렴." 가만히 속삭였다. 남편의 닻줄도 낡아 머지않아 끊어질 것만 같았다. 누구에게나 닻은 있다고 여겨진다. 그에게 가족이란 닻 말고 자신만의 닻을 찾기를 바랐다.

닻은 전체가 붉은 녹으로 뒤덮인 것들이 훨씬 많았지만 멀쩡해 보이는 것도 더러 있었다. 그것의 일생으로 생각해 보면 청년기를 지나고 있는 것이다. 어느 시인의 시구처럼 몸의 바깥으로 서서히 시간의 푸른 독이 번져가고 있었다.

남편에게도 푸르게 빛나던 시간은 꿈결처럼 오래전에 흘러가 버렸다. 여기저기 삐걱대고 붉은 녹투성이다. 나는 그가 더 녹슬기 전에 부지런히 기름칠하고 녹을 닦아내기 시작했다. 낡은 닻줄은 튼튼한 새 줄로 교체해 주었다.

남편은 취업을 준비하던 아들의 최종 합격 발표를 들었을 때 비로소 안심이 된다고 말했다. 아들의 취업은 집안에 보탬이 된다기보다 자립의 기초를 마련한 것뿐이지만 그저 마음이 든든해졌다는 것을 이해하고 나니 그가 더욱 안쓰러웠다. 그가 감당했던 배의 무게가 제법 가벼워지는 것이 느껴졌다.

그는 비로소 자신 안의 꿈을 찾았다. 사진 찍기와 여행이다. 카메라를 메고 떠나면 어디든 즐겁고 행복하다고 한다. 앞으로 나는 그의 새로운 닻이 되련다. 마음껏 바다를 누비다 돌아와 언제나 편히 쉴 수 있게 해주는 푸근한 항구의 닻이 되어주고 싶다.

그가 오롯한 혼자만의 항해를 위해 닻을 올리고 푸른 바다로 나아가기를 바라본다.

모네의 정원

　모네의 연못 정원에 와 있다. 연못에는 수련잎만이 떠 있다. 수련을 보지 못하는 것이 아쉽지만 수양버들의 연둣빛 가지들은 봄의 커튼을 두른 듯 바람에 살랑거렸다. 하늘에는 회색 구름이 떠 있고 푸른 아치형 다리는 모네의 연못임을 느끼게 해주었다. 어제 오랑주리 미술관에서 보았던 수련 연작 그림이 떠올랐다. 두 개의 타원형 방에 전시된 여덟 점의 대작은 큼직하고 두터운 붓질로 표현되었다. 그림 속 연못은 빛에 따라 시시각각 다르게 보였다.

　연못을 바라보고 있으니 마음이 편안해졌다. 지베르니의 평화로움이 깃들어 있는 곳이다. 비록 수련꽃은 없어도 〈아침과 구름〉, 〈버드나무 두 그루〉, 〈나무 그림자〉 등의 그림을 떠올릴 수 있었다. 바로 이 자리에서 모네가 이백오십여 점의 수련 그림을 그렸다고 생각하니 마치 시간 여행을 떠나 그 시절로 와버린 것 같았다. 저만치서 그림을 그리고 있는 모네를 만날 수 있다면 얼마나 좋을까.

옆의 벤치에서는 작은 스케치북에 연못을 스케치하는 남녀가 있었다. 화가일까, 시선이 오래 머물렀다. 화가가 아니라도 그림을 좋아하는 이라면 모네의 연못가에 앉아 있는 것만으로도 감개무량할 것이다. 나도 스케치북을 준비하지 못한 것이 후회되었다. 수련이 피는 계절에 다시 오게 된다면 서투른 솜씨지만 스케치를 하고야 말리라. 하룻밤 이곳에서 여장을 풀고 그림을 그리며 머물다 가고 싶다. 초봄이라 문을 연지 며칠 되지 않은 이곳은 관광객이 많지 않아 조용하고 고즈넉한 분위기가 좋았다. 모네의 그림을 좋아하는 두 딸과 이곳에 오게 된 것이 꿈만 같았다.

성당의 종소리가 은은하게 들려오고 산비둘기가 울었다. 점차 하늘이 개며 햇빛이 연못을 비췄다. 그림 속에 들어앉아 해 뜨는 연못까지 감상하는 행운을 누렸다. 꽃이 있는 정원에는 수선화, 튤립, 히아신스, 아네모네 등 온갖 봄꽃들이 피어 있었다. 정원사는 사진이나 그림, 편지 등을 바탕으로 모네가 작품을 그렸던 당시의 모습대로 복원했다고 한다. 자연광의 변화에 따라 함께 변하는 색채를 표현했던 그의 그림 속 정원을 복원시켜 놓았다니 놀라울 따름이었다.

연못에서 작은 배를 타고 뜰채로 지저분한 나뭇잎을 걷어내는 청년이 있었다. 그 청년의 표정은 즐거워 보였다. 이곳에서 잡초 뽑기라도 시켜준다면 나도 행복하게 일할 수 있을 것이라는 생각이 들었다.

정원을 나와 마을을 산책했다. 모네가 말년을 보낼 만큼 주변 풍광이 좋고 화단에는 꽃들이 아름답게 가꾸어진 조용한 시골 마을이었다.

가까운 성당에 모네의 무덤이 있다는 표지판을 보고 그곳을 찾았다. 특이하게도 그의 무덤은 보라색 히아신스와 연보랏빛 팬지, 하얀 팬지꽃들로 덮여 있었다. 로즈메리와 이름 모를 덩굴식물도 뻗어 있었다.

모네가 좋아한 색깔의 꽃으로 꾸민 그의 무덤은 잔디로 단순히 덮인 것보다 예술가의 무덤다웠다. 머나먼 이곳까지 우리의 발길을 이끌어 준 모네의 그림을 떠올리며 주변에 핀 들꽃 몇 송이를 따다가 바쳤다.

작가 김영하는 "인간이 여행을 꿈꾸는 것은 독자가 매번 새로운 소설을 찾아 읽는 것과 비슷한 것"이라고 했다. 다음에는 어떤 소설을 읽게 될까 그 설렘이 조용히 마음을 두드린다.

아무튼, 손수건

오늘은 어떤 것을 고를까. 서랍 속에는 알록달록한 손수건들이 나란히 놓여 있다. 약간 더운 날씨니까 시원한 느낌의 블루 색상을 집어 든다. 나는 손수건을 좋아한다. 언제부터였을까. 하나둘 사 모으고 선물받은 것까지 제법 많아졌다. 여행지에서 스카프를 사기에는 부담스럽지만 기념이 될 만한 것을 가볍게 고르기에 적당하다. 하나씩 꺼낼 때마다 여행의 추억도 떠올라 매번 사게 된다.

내가 가장 좋아하는 것은 보라색 바탕에 장미꽃이 그려져 있고 하얀 레이스가 달린 것이다. 주로 잔잔한 꽃무늬의 화려한 색상에 자꾸 눈길이 간다. 여러 개 갖고 있으면서 또 사는 건 낭비가 아닐까 생각하다가 이 정도는 괜찮다는 결론을 내렸다.

최근에 《아무튼, 양말》이라는 책을 읽었다. 작가는 백오십 켤레의 양말을 가졌는데 그에 비하면 나는 새 발의 피다. 게다가 진짜 양말 덕

후들은 수백 켤레씩 수집한다니 손수건 덕후가 있다면 얼마나 모았을까, 그 생각에 미소가 번진다. 양말을 무지무지 좋아하다가 양말에 관한 책까지 펴내게 된 그녀가 놀라울 따름이다. 더욱이 책이 3쇄를 찍으며 날로 인기를 끌어 여기저기 인터뷰도 하고 양말 편집숍 매장에서 판매원까지 하게 되었다. 4년 차 프리라이터인 작가의 글은 유쾌하고 재미있어 책을 펼쳐 들자마자 단숨에 읽었다.

글쓰기를 좋아하는 나도 손수건을 백오십 장쯤 모으면 한 권의 책을 쓸 수 있을까. 패션의 완성은 양말이라지만 나는 손수건이 아닐까 생각해 본다. 패턴이 화려한 것은 목에 살짝 두르면 쁘띠 스카프로 연출할 수 있다. 성장을 한 여인이 핸드백에서 레이스 달린 손수건을 꺼낸다면 훨씬 더 분위기 있어 보일 듯하다. 옷은 자주 사 입을 순 없지만 일상에서 손수건으로 나만의 색다른 기분을 즐길 수 있으니 그것으로 충분하다.

손수건을 처음 사용하기 시작한 것은 중학생 무렵이었다. 그때, 여학생이나 젊은 여성들은 손수건을 제법 가지고 다녔다. 숙녀의 에티켓 중에 하나였다고 할까.

결혼을 하고 나서는 남편 것을 챙겼다. 와이셔츠를 다리면서 손수건도 잘 다려서 출근길에 건네주었다. 손수건은 넥타이만큼 남자에게 필요한 품목이있으니 언제부터인가 눈에 띄지 않는다. 화장실마다 일회용 종이 타월이 보편화되어 편리하지만, 손수건을 사용했던 감성은 사라지고 말았다. 환경을 생각해서라도 예전처럼 가지고 다니면 어떨까.

언젠가 아들의 방에 손수건 세트가 놓여 있길래 웬 거냐고 물어보

앉다. 여자 친구에게 선물받았다고 했지만 갖고 다니지는 않았다. 요즘에 이런 것을 주는 여사 친구는 어떤 사람일까 호기심이 생겼는데 얼마 안 돼서 헤어졌다고 한다. 이 시대의 청춘들은 손수건을 선물하는 것이 이별의 의미가 있다는 것을 알고 있을까.

영화 〈인턴〉에서 남자 주인공이, 손수건은 상대방에게 빌려주기 위한 것이라며 울고 있는 여자에게 건네주는 장면이 멋지게 다가왔다. 그런 남자라면 첫눈에 반할 것만 같다는 생각을 하면서 말이다. 이젠 나도 눈물을 닦을 때가 많아진다. 영화나 드라마는 물론이고 다큐나 뉴스를 보며 시도 때도 없이 슬퍼서 눈물이 난다. 내 옆의 누군가가 눈물 흘릴 때 살며시 건네주기 위해서도 하나 더 챙겨야겠다.

이런 선물 또 없습니다

 가구도 인연이 있는 것일까. 나는 유독 콘솔이 갖고 싶었다. 이런저런 이유로 쉽게 가질 수 없던 콘솔을 남편이 맞춤 가구로 주문해 놓았다. 그는 천천히 아름답게 만들어 달라고 부탁했단다. 콘솔을 갖게 돼 기쁜데 그의 말이 더 감동이었다. 언제부터 나를 챙겨주려고 생각했을까. 그는 용돈을 아껴서 가끔 깜짝 선물을 주곤 했다.

 집들이에 초대받아 갔을 때나, 잡지를 볼 때 여러 가지 가구 중에서 가장 눈길을 사로잡는 것은 콘솔이었다. 콘솔은 집안 살림에 꼭 필요한 것은 아니지만 장식을 하는 공간으로 집 안의 분위기를 좌우한다. 17세기 이탈리아의 대표적인 패션 가구였던 콘솔은 대부분 조각으로 멋을 내 화려했다. 내 취향은 화려한 장식이 가미된 것보다는 모던한 디자인이 더 좋다. 예쁜 콘솔 위에 놓인 장식품이나 그림을 바라보며 마음이 끌렸지만 어느 결엔가 내 마음속에서 잊히고 말았다.

남편은 정리정돈의 달인이다. 남아도는 시간을 주체할 수 없던 어느 주말, 책장과 서랍을 뒤집어 정리를 하며 주말을 보냈다. 가구의 위치를 효율적으로 바꾸거나 불필요한 물건들을 정리해서 버리고 나니 훤하게 공간이 넓어졌다. 훤해진 자리에 얼마 전 지인이 만들어 준 나무 의자를 놓고 사진 액자를 올려놓았다. 꽃을 꽂은 꽃병도 의자 옆에 두었다. 자꾸만 눈길이 가는 운치 있는 공간이 탄생했다. 다만 의자가 낮아서 사진이 눈높이와 맞지 않는 점이 살짝 아쉬웠다.

콘솔이라면 안성맞춤일 듯하다. 의자 위에 놓인 사진 덕분에 잊었던 기억이 되살아났다. 남편이 목공에 취미가 있다면 좋을 텐데. 손재주가 많은 편이라 예전부터 DIY 소품가구라도 만들어 주길 바랐으나 그쪽에는 관심이 없었다. 대신, 목공을 하게 된 지인에게서 사진 찍을 때 쓸 소품용 의자 두 개를 마련했고 내게는 플레이팅용 도마를 선물했다.

나뭇결이 살아 있는 도마 위에 음식을 올려놓고 먹으면 레스토랑에 온 듯 색다른 기분이 들었다. 작고 귀여운 의자는 평소에 화분이나 액자를 올려놓다가 손자들이 오면 앉아서 놀거나 사진 찍을 때 좋은 소품이 되었다.

어느 날, 앉은뱅이 작은 책상에서 글을 쓰는 내게 책상을 주문하자는 것이 아닌가. 지금 이것으로 충분하고 넓은 공간을 차지하는 책상이 필요하지는 않았다. 멋진 책상을 갖게 된다면 왠지 글을 더 잘 써야 한다는 압박감이 생길 것 같기도 했다.

여보, 책상은 필요 없고 콘솔이 갖고 싶어. 콘솔이 뭔데? 한때 내

로망이기도 했던 가구지. 사진을 찾아 보여주며 가격이 비쌀까 봐 망설이는데 그가 자기 용돈으로 선물하겠다는 것이 아닌가. 맨날 정리 못하는 여자라고 구박만 하더니 이게 웬 횡재인가 싶었다. 설레는 마음으로 디자인을 고르고 놓일 위치에 맞게 가로세로 높이를 재서 주문을 넣었다.

비가 내리던 주말 저녁, 드디어 콘솔이 도착했다. 비 맞을까 봐 커다란 우산을 가지고 달려 나갔다. 우수고객 서비스라고 콘솔과 세트인 작은 의자까지 만들어 주었다. 조심스레 포장을 뜯고 제 위치에 놓았다. 콘솔 위쪽 벽에는 남편의 작품 사진을 걸었다. 무미건조하던 거실의 표정이 산뜻하게 바뀌었다. 서랍이 두 개 나란히 달린 오크색 콘솔은 나뭇결의 무늬에 반해 자꾸만 쓰다듬게 된다.

콘솔은 제작할 때 크기는 작아도 다른 가구에 비해 손이 많이 간다고 한다. 단순한 가구가 아닌 섬세한 예술 작품으로 느껴졌다. 시간이 지날수록 나무색이 아름다워질 듯하다. 우리 부부가 함께하는 시간도 콘솔의 나무색처럼 은은하게 물들어 갔으면 좋겠다는 바람을 가져 보았다. 이 세상에 단 하나뿐인 나만의 콘솔이기에 특별한 의미를 지닌다. 콘솔 위에 무엇으로 장식을 하면 좋을까. 행복한 고민에 잠긴다.

분갈이가 필요할 때

여러 가지 화초를 키우면서 가장 애착이 가는 것은 난 종류다. 작년 여름이 지나고 입추가 되면서 동양란에 꽃이 피었다. 우리 집에 온 지 2년 만이었다. 식물을 키우기 시작하여 완전히 초보일 때 선물받은 것인데 난에 대한 지식이 전혀 없는 상태로 무심히 키웠다고 할까. 그런데도 꽃을 피운 것이 행운이 깃든 것처럼 신기하기만 했다.

연한 연두색 꽃이 청초했고 향기는 우아한 느낌이었다. 아주 고급스러운 향수를 만난 듯 특별했다. 한동안 그 잔향이 기억 속에 오래 머물렀고, 그 이후로 향기 있는 꽃을 피우는 식물에 빠지게 되었다.

생각해 보면 사람에게도 꽃향기처럼 각각이 지닌 매력이 있다. 강렬한 향기로 금세 여러 사람들을 매혹시키는 사람, 잔잔하고 은은한 향기가 늘 한결같은 사람. 나는 후자가 더 좋다.

동양란은 화기가 짧은 데 비해 서양란은 화기가 짧게는 두 달, 길게는 넉 달 이상 가는 것도 있다는 것을 알게 되었다. 향기 없는 종류는 꽃을 오래 피우고 향기 있는 종류는 향기로 자신의 에너지를 소비하는 만큼 꽃 피우는 시기가 더 짧았다. 굵고 짧게 살 것인가, 가늘고 길게 살 것인가가 꽃의 삶에서도 적용되고 있다.

사람에게 가장 향기로운 꽃을 피우는 최상의 때가 언제일까. 사람마다 각자 그 시기는 다를 듯하다. 나도 그런 시절이 있었을까. 돌이켜 보면 결혼하고 아이를 낳았을 때가 아니었나 싶다. 아이들 키우면서 힘들기도 했지만 정신없이 분주한 가운데 즐겁고 행복한 날들이었다.

식물의 작은 모종과 같았던 세 아이들은 부모의 울타리 안에서 온갖 보살핌을 받고 성장하였다. 식물은 분갈이를 하지 않으면 더 클 수가 없다. 더 성장하기 위해서는 더 넓은 화분으로 분갈이를 해야 하듯 사회로 진출하여 직장 생활을 하고 결혼을 하며 각자의 세상에 터를 잡았다. 그들 또한 저마다의 계절을 지나, 자신만의 꽃을 피워내길 바란다.

요즘 난초의 잎끝이 누렇게 변하는 걸 발견했다. 원인을 알기 위해서는 화분 속을 의심해 봐야 했다. 외부 조건을 아무리 맞춰 줘도 소용이 없다. 베란다에 신문지를 깔고 화분 속의 식물을 조심스레 꺼냈다. 원인은 통풍이 원활하지 않아 뿌리가 썩어가고 있었다. 썩은 뿌리들을 소독한 가위로 모두 잘라주고 깨끗이 씻었다. 곰팡이가 핀 바크를 버리고 새로운 바크를 채워 구멍 뚫린 토분에 옮겨 심었다.

분갈이를 하며 내 마음속 화분은 무슨 문제가 있을까 생각해 보았다. 글쓰기를 한 지 십 년이 되었다. 나의 화초에도 늘 정성 들여 물을 주고 통풍을 시키며 가꾸어야 했다. 어느 결엔가 그저 방치하고 있었던 것은 아니었을까. 새로움에 닿지 못한 채, 정체의 안개 속에 갇혀 있었다. 인풋이 있어야 아웃풋이 생긴다. 통풍이 잘되지 않는 화분의 뿌리가 조금씩 썩어가듯 분갈이를 할 때가 온 것이다.

정체되어 있던 나를 뒤집어엎었다. 대학에 입학해 새로운 공부를 시작했다. 시든 잎과 상한 뿌리는 잘라내고 새로운 화분에 담긴 것이다. 좀 더 큰 화분에 옮겨져 들썩거린 뿌리들이 제자리를 잡느라 한동안 몸살을 앓을 듯하다.

난은 심한 온도 차이가 나는 고난의 환경을 겪어야 꽃대를 밀어 올린다. 공부를 마치고 나면 나는 어떤 꽃대를 밀어 올릴 수 있을까. 서늘한 온도 차이를 한동안 견뎌내고 언젠가 다시 향기로운 꽃송이를 피울 수 있게 되기를 바라본다.

완벽한 날들

　그 남자는 새벽마다 같은 시간에 잠에서 깨어난다. 그를 깨우는 건 자명종 소리가 아니라 삭삭삭삭 골목을 쓰는 비질 소리다. 세수하고 화분에 물을 준 다음 옷을 갈아입고 일하러 가기 위해 현관문을 연다. 문을 열 때마다 언제나 하늘을 바라보며 살짝 미소를 짓는다. 맑은 날이든 비가 오는 날이든 엷게 웃음 짓는 그의 얼굴은 자신에게 새날이 시작되어 고맙다는 인사를 하는 듯 보인다. 출근하면서 미소 짓는 이들이 과연 얼마나 될까.

　막내딸은 내게 종종 출근하기 싫다고 투정을 부리고 남편 역시 굳은 얼굴로 현관을 나서는 모습을 보곤 한다. 그렇다면 나는 어떻게 어떤 마음으로 하루를 시작하는가 생각에 잠기게 하는, 영화 〈퍼펙트 데이즈〉의 도입 부분이다. 잠에서 깨어나고 분주하게 아침 밥상을 차리는 내 표정을 카메라의 시선으로 쫓아본다. 미소는커녕 무표정이다.

주인공은 일본의 도쿄 시부야구의 화장실을 돌며 청소하는 중년의 남자 히라야마다. 집 앞의 자판기에서 뽑은 캔 커피를 마시면서, 애니멀즈와 밴 모리슨 등 1970년대 팝송을 들으며 출근하는 그의 얼굴은 아무런 근심 없이 평온해 보인다. 그는 잘 보이지 않는 변기의 사각지대를 손거울까지 비춰가며 구석구석 열심히 닦는다.

일을 하는 도중에 엄마를 잃어버려 울고 있는 아이를 찾아주었을 때다. 여자는 고맙다는 말 대신 그가 아이의 손을 잡고 데려왔기에 더럽다는 듯 물티슈로 연신 아이의 손을 닦는다. 그는 그러한 모욕도 늘 당하는 일처럼 가만히 서 있지만 뒤돌아보며 손을 흔드는 아이에게는 웃어준다.

점심시간에는 한적한 신사에서 나무와 햇살을 바라보며 샌드위치를 먹는다. 그러고는 낡은 필름 카메라로 햇빛이 비치는 나뭇잎들이 바람 속에 흔들리는 풍경을 찍는다. 매일 같은 장소에서 사진을 찍지만 그 모습은 매번 그전과 다른 밀도와 채도를 지닌 채 어른거린다. 생은 이렇듯 한순간 빛나던 것이 사라지고 또 다른 것이 나타나는 찰나의 연속일 테다.

같이 일하는 후배가 늦게 오고 대충 일을 하다가 일찍 퇴근해 버려도 히라야마는 얼굴 한번 찡그리지 않는다. 불합리한 일을 만나도, 무례한 사람이 시비를 걸어도 아무 말 없이 웃으며 넘어간다. 웃음은 그가 세상을 살아가는 태도이다. 매일 반복하는 일상을 유지할 수 있다면, 작은 불행과 사고들은 웃으며 지나갈 수 있다는 듯. 일을 마치고 돌아가면 동네 공중목욕탕에서 몸을 씻고, 역 근처 허름한 선술집에서 하이볼을 마신다. 작은 다다미방에서 스탠드 불빛으로 윌리엄 포크너의 문고본을 읽다가 잠이 든다. 이 정도면 그에게는 완벽한 날들일까.

이렇듯 소박한 삶을 꿈꾸는 사람들이 많다. 하지만 히라야마의 '완벽한 날들'은 한순간 찾아오는 것이 아니라, 매일 반복하며 성실하게 쌓아가는 과정을 통해 얻을 수 있고 계속 유지해야 하는 것이지 않을까. 무책임한 후배가 갑자기 전화 한 통으로 일을 그만둔다고 알리자, 히라야마는 밤늦게까지 일한다. 목욕탕에 갈 수 없고 하이볼 한 잔 마시러 갈 새도 없을뿐더러, 옷을 갈아입지도 못하고 지쳐 쓰러져 버리고 만다.

그 일의 여파로 주말의 안온한 휴식마저 흐트러진다. 히라야마는 '아무것도 변하지 않는다'는 말을 믿지 않는다. 모든 것은 변한다. 그렇기에 그는 '완벽한 날들'을 유지하기 위해 항상 마음을 다잡고 견고한 일상을 꿋꿋이 걸어간다. 어쩌면 소소한 일상은 악착같이 버티면서 만들어 가는 것이라고 가르쳐 준다.

헌책방에서 히라야마가 퍼트리샤 하이스미스의 소설을 고르자 주인은 말한다. 공포와 불안이 별개임을 정말 잘 그린 작가라고. 우리는 삶 속에서 크고 작은 불안에 시달린다. 지금의 내 생활이 제대로 된 것인지 미래는 어떻게 흘러갈 것인지 끝없이 의심이 간다. 공포가 아닌 불안은 긍정적으로 생각해 보면 스스로를 단단하게 만드는 힘인지도 모르겠다. 약간의 불안은 매일 단련하며 나를 만들어 가고, 앞으로 묵묵히 걸어 나갈 수 있게 하는 감정이라고 생각해 볼 수 있다. 매일 같은 일상으로 보이지만 오늘과 내일은 다르다. 그래서 히라야마는 같은 장소에서 오늘의 사진을 찍고 세상에 보여주지 않는 대신 자신이 본 세상을 충실하게 기록하는 것인가.

어느 날, 갑자기 조카가 찾아왔고 가출한 조카를 데리러 온 여동생은 그에게 아버지를 찾아가 보라고 종용한다. 히라야마는 과거로 돌아가는 것을 완강하게 거부한다. 그는 무엇인가를 모두 버린 후, 다른 세계에서 자신의 일상을 새로이 만든 사람이다. 여전히 고독하고, 힘들기도 하겠지만 웃으며 단단한 하루하루를 꾸준하게 쌓아가는 히라야마의 삶은 그 자체로 충만하다.

나에게 완벽한 날들은 어떤 날들일까. 단조로운 일상이 무의미하고 무료하다고 느끼다가 대학 공부를 하면서 충만해지고 활력이 생겼다. 이 영화를 보고 나니 식구들이 아무런 사고 없이 퇴근해서 집에 돌아오고 나에게도 특별한 일이라곤 벌어지지 않는 평범한 하루하루야말로 완벽한 날들이라고 여겨진다.

영화의 마지막 부분, 평생 잊을 수 없는 히라야마의 모습을 만난다. 배우로서 연기를 하는 주인공이 아닌, 한 인간으로서 그에게 깊이 매료되었다. 차를 타고 일터로 향하는 그는 미소를 짓고 있지만 눈에는 서서히 슬픔이 차오른다. 니나 시몬의 '필링 굿'을 들으며 인생의 희로애락을 말없이 표현하는 얼굴은 가슴을 먹먹하게 한다. 완벽한 하루는 다음이 아니라 지금에 있다고, 반짝이는 것은 곧 스러진다고 표정과 노래 가사로 전달해 주고 있다.

"높이 날고 있는 새들아, 내 기분이 어떤지 아니. 하늘의 태양아, 내 기분이 어떤지 아니. 바람에 날리는 갈대들아, 내 기분이 어떤지 아니. 새로운 새벽, 새로운 하루, 새로운 인생이야. 나에겐 말이야, 그래서 난 행복해~~."

　이제 아침에 눈을 뜨면 창을 열고 미소를 지으며 하늘을 바라볼 수 있을 것 같다.

시인의 서점

나선형 계단을 천천히 올라갔다. 길지는 않았지만 계단의 끝에 있는 서점은 어떤 분위기일까, 서점 지기는 누구일까 호기심이 일기도 하고 살짝 두근거렸다. 시인이라는 서점 지기에 대한 검색은 일부러 하지 않았다. 막연한 기대감이 있었다고 할까. 인스타그램에 거의 매일 올라오는 그의 글은 평범한 일상을 이야기하면서도 섬세한 감성이 느껴져 잔잔한 여운을 안겨주는 에세이로 다가왔다.

혜화동 로터리에 자리 잡은 '동양서림'은 육십여 년 전부터 운영되고 있는 서점이다. 일 층에는 동양서림이 있고 계단을 오르면 별도로 운영되는 시집 전문서섬 '위프 앤 시니컴'이 있다. 몇 년 전, 시집 전문서점이 생겼다는 기사를 읽었을 때부터 가보고 싶다는 생각을 했었다. 처음에는 신촌에 있던 서점이 혜화동으로 옮겨 문을 열었다.

누군가와의 만남이 아닌 혼자서 서울 시내를 나가는 일이 웬만해

선 행동으로 옮겨지지 않는다. 단조로운 일상에서 가끔 마음을 환기하려면 부지런히 길을 나서야 한다지만, 그저 생각뿐이다. 늘 가까운 행동반경 안에서만 맴돌고 있다. 오늘은 계절이 바뀌기 전에 큰마음 먹고 혜화동으로 나섰다.

머그잔을 들고 인사를 하는 주인은 남자였다. 그에게서는 시인이 갖고 있는 특별한 분위기가 느껴졌고 검은 뿔테 안경 속의 눈빛이 온화했다. SNS에서 접했던 감성적인 글의 느낌만으로 여자일 것이라는 예상을 했던 나는 깜짝 놀라 시인의 이름을 검색했다. 유희경 시인.

서점은 그리 넓지 않은 아늑한 공간이었다. 책장에는 출판사별로 많은 시집들이 꽂혀 있었다. 시 전집과 그림책, 우드스탬프와 마스킹테이프 같은 굿즈들도 보였다. 오래된 카메라와 그림, 사진들이 있고 포스트잇에 쓰인 설명들을 읽으며 천천히 시를 읽었다. 이 서점에 오고 싶은 또 한 가지 이유가 있었다. 시인이 손님에게 직접 시집을 추천해 준다는 사실이다. 과연 내가 좋아할 만한 시집을 골라줄 것인지 은근히 기대가 되었다. 어떤 시인을 좋아하느냐고 물으면 무슨 대답을 해야 할까.

몇 년 전 시 쓰기 강좌를 들을 때가 생각났다. 한동안 시집을 주로 읽었고 시 한 편씩 써가는 과제도 열심히 하며 시의 세계에 푹 빠져 있었다. 생활 속에서 시의 대상을 관찰하며 벚꽃이 흐드러지게 핀 가로수 길을 걷다가 벤치에 앉아 시를 썼던 봄날이 떠오르곤 했다. 수십 편의 시 외우기를 숙제로 내주었던 고등학교 때의 국어 선생님도 생각났다. 그때는 시를 분석하는 공부로서 접했기에 무작정 암송하는 것이 무슨 의미가 있느냐고 친구들과 불만을 터뜨렸었다. 선생님은 훗날 우리가 외웠던 한 구절의 시구가 삶 속에서 떠오르거나 시를 즐기며 살아가기를 바랐던 것은 아닐까. 나는 백석, 윤동주, 기형도, 안도현, 문태준, 이성복, 문정희의 시를 좋아한다. 최근에는 막내딸이 추천해 준 허연, 이병률, 박준 시집을 읽었는데 낯선 감성의 여운이 오래 머물렀다.

오늘따라 주인은 누군가와 대화를 나누고 있었다. 처음에 손님은 나밖에 없었다. 책방을 둘러보고 시집을 읽는 사이, 하나둘씩 손님이 오고 갔다. 지인인 듯한 상대와의 대화는 오랫동안 이어졌다. 공간이 작은 곳이어서 본의 아니게 그들의 대화는 나에게도 잘 들렸다. 서점 운영이 어려워서 고민하는 내용이었다. 책을 읽는 인구도 많지 않은 시대에 이곳은 시집만 파는 곳이라 더욱 어려운가 보다.

이야기는 끝나지 않고 계속 이어져 시집을 추천받기는 어려울 듯했다. 딸에게 선물할 이병률 시집과 서점 지기인 그의 시집을 가져가 사인을 부탁했다. 딸이 시를 좋아하는지 묻길래 그렇다고 답했더니 시를 좋아한다는 것은 좋은 일이죠 하면서 미소를 띠었다. 펜 파우치에서 만년필을 꺼내 이름을 묻고 멋진 글씨로 사인을 해주었다. 아쉽지만 시집 추천을 받는 것은 다음 기회로 미루었다.

서점을 나서며 좀 서글펐다. 버스 정류장으로 향하는 길에 도성 성곽길이 눈에 띄어 천천히 걷기로 했다 스쳐 지나가는 사람들은 각자 무슨 일을 해서 밥벌이를 하는 것일까. 먹고사는 문제가 최소한 해결되어야 시인은 시를 쓸 수 있고 사람들은 시를 읽을 수 있을 듯하다. 요즘처럼 각다분한 세상에서 잠시 한 편의 시를 읽고 마음의 위로를 받아 다시 힘내서 일을 할 수 있다면 좋겠다. 닭이 먼저냐 달걀이 먼저냐 같이 아이러니가 아닐 수 없다. 어쨌든 시인의 서점이 오래오래 제자리를 지켜나가면 좋겠다. 한적한 돌담길 옆 햇살이 따스한 곳에 앉아 시집을 펼쳤다.

> **겨울은 언제나 다음에 찾아올 겨울을 기약하였다 영원한 작별은 불가능하거나 깊이를 알 수 없었다 죽어가고 있었다 구원은 도처에 있었으나 아무도 줍지 않았다 많은 문장으로 일기를 썼고 그보다 더 많은 문장을 지워갔다 여전히 그만둘 수 없었다 이토록 질긴 것들이 무엇인지 나는 궁금하지 않았다 아무도 나를 들여다보지 않았으므로**

유희경 시 〈그해 겨울〉 중에서

노란 산국의 향기와 발길에 와 닿는 굴참나무 낙엽들 속에서 시는 잔잔하게 다가왔다. 혼자만의 작은 여행, 혜화동에서 시와 가을을 흠씬 느꼈다.

소리의 마음들

　자작나무는 하얀 몸을 하늘로 향하고 있었다. 가지마다 잎들이 노랗게 단풍 들고 마른풀과 낙엽의 냄새가 그윽하게 다가왔다. 나무 꼭대기 사이로 언뜻언뜻 티 없이 파란 인제의 하늘이 보였다. 숲의 초입부터 어디선가 딱따구리가 나무둥치를 쪼는 소리가 들렸다. 도토리가 낙엽 위에 후드득 떨어져 깜짝 놀라기도 했다. 사부작사부작 낙엽이 바람에 떨어지는 모습은 잎의 크고 작음에 따라 느낌이 달랐다. 크고 넓은 떡갈나무 잎은 무겁고 둔탁하게 떨어지고 작은 잎들은 가볍게 사그락 마른 잎을 떨구었다.

　풍경을 한껏 눈에 담으며, 숲에서 들려오는 소리에 집중했다. 고요한 가운데 포르르 날아가는 새의 날갯짓, 각기 다른 음색을 지닌 새들, 작고 여린 풀벌레 울음이 각각 위치한 공간에 따라 가깝고도 멀리에서 입체적으로 다가왔다. 바람이 불 때마다 나무줄기에서 서걱대다가 마른 잎들이 떨어지는 소리, 바스락바스락 발끝에서 부서지는 낙엽의 감촉이 여운을 남기며 가슴에 와닿았다.

저마다 지저귀는 새와, 풀벌레 울음은 마치 오케스트라를 연주하는 것 같았다. 낮게 우는 풀벌레는 비올라, 각기 다른 음색의 새들은 경쾌한 리듬으로 제1바이올린, 제2바이올린을 연주했다. 갑자기 날아와 크게 까악대는 크레센도의 까마귀는 트럼펫이다. 플루트의 음색을 닮은 새의 노래도 들렸고 딱따구리가 나무둥치를 쪼는 것은 작은 북을 두들기는 연주다.

문득 나도 조화를 이루어 이 숲속 오케스트라의 악기 하나로 들어앉고 싶었다. 현을 사용하는 가장 낮은 음역을 가진 더블 베이스가 좋겠다. 바이올린이나 첼로와는 달리 더블 베이스는 오케스트라에서 존재감이 약한 악기다. 소속된 모임이나 단체에서 오직 혼자만 돋보이고 드러나 보이는 바이올린 소리를 내는 사람들이 있다. 그로 인해 종종 불협화음이 생기고 전체를 조율하기 힘들어진다.

소리도 거의 들리지 않고 드라마틱한 액션도 없기 때문에 청중이 주목하지 않는 더블 베이스. 하지만 깊고 풍부한 소리는 전체적인 음악의 분위기를 잡아주는 역할을 한다. 자신은 빛나지 않으면서 모두에게 도움이 되는 더블 베이스를 닮고 싶다.

숲속의 친구들 사이에서 깊고 그윽한 소리로 넉넉한 음색의 더블 베이스를 연주하는 내 모습을 상상해 보았다. 이 모든 음악을 지휘하는 지휘자는 누구일까. 새들의 노래는 점점 더 풍부해졌고 나뭇잎 사이를 스치며 지나가는 바람 한 자락도 교향곡의 한 선율이 되었다. 내 마음도 더블 베이스의 활을 켜듯 들썩이며 음악과 함께 해낙낙했다.*

나무둥치에 앉아 가만히 눈을 감고 숲을 깨우는 아름다운 교향곡의 하모니를 들으며 휴대폰에 소리를 녹음하기 시작했다. 도시 속에서 들을 수 있는 것은 온통 시끄러운 자동차와 기계음 같은 소음이 많아 사람을 피곤하게 한다. 쉬고 싶을 때나 혹은 세상과의 조율이 필요한 순간 녹음한 숲속의 소리를 들으면 좋을 듯하다.

소리에 마음이 있다면 어떤 것일까. 청각 신경과학자인 니나 크라우스는 그의 저서 《소리의 마음들》에서 소리 정보는 청각 뉴런을 통해 0.001초 만에 처리되며, 시각으로 빛을 처리하는 속도보다 현저히 빠르다고 밝히고 있다. 또한 소리는 리듬을 통해 인간의 감성을 좌우하며 소리 마음의 선택은 삶에서 우선순위를 두는 곳으로 우리를 데려갈 수 있다고 한다. 좋은 것을 보는 것뿐만 아니라, 좋은 것을 듣는 청각적 측면까지도 생각을 확장하게 된다.

숲에서는 모차르트의 음악이 들리고 고흐의 그림이 보였다. 나도 한 그루의 나무가 되어 하늘을 향해 두 팔을 벌리고 마음껏 숲의 노래를 들으며 삶에 감성 한 톨을 더해보는 시간이었다.

---

* 해낙낙하다: 마음이 흐뭇하여 만족한 느낌이 있다.

새장개업

폭설이 오고 하루 만에 눈이 녹았다. 베란다 문을 열다가 화분걸이 위의 접시에 눈길이 갔다. 접시가 텅 비었다. 새들이 먹이를 물어 간 것이다. 신장개업은 성공이다. 접시 위에 해바라기 씨앗 한 줌을 다시 놓아두었다. 눈 속에서 먹이가 부족한 새들이 경계심을 풀었나 보다. 드디어 새들과 가까워질 수 있다는 기대감에 들떴으나 며칠 동안 새가 오는 모습을 발견하지는 못했다.

어느 날, 소파에 앉아 있는데 창가로 박새 한 마리가 포르르 날아왔다. 먹이를 물고 가까운 나뭇가지로 옮겨 앉는다. 참새처럼 작고 머리와 목에는 푸른빛이 도는 검은색을 띠고 있다. 흰색 뺨이 매력 포인트이다. 나뭇가지에서 씨앗을 부지런히 먹고 다 먹으면 다시 접시 위로 날아든다. 그는 의심이 많다. 아니면 적이 나타날까 불안해서 안전한 장소에서 먹고 싶은 것일지도 모른다. 알고 보니 결코 사람에게 곁을 주지 않는 조심성 많은 새라고 한다.

곤줄박이가 두 번째 손님으로 나타났다. 몸은 밝은 갈색이고 머리는 감숭감숭*했다. 머리 가운데로 가르마처럼 흰 줄이 나 있다. 곤줄박이의 '곤'은 '까맣다'라는 '곰'의 의미이고 '박이'는 일정한 장소에 박혀 있다는 뜻이다. 그러니까 '검은색이 박혀 있는 새'라는 의미다. 그는 옮겨가지 않고 그대로 서서 먹었다.

덩치가 큰 직박구리가 날아오자 곤줄박이는 자리를 피한다. 직박구리는 큰 몸집만큼 오랫동안 많이 먹는다. 너무 포식하는 것 같으면 작은 새들을 위해 가까이 다가가 쫓아버리기도 한다. 아마도 해바라기씨 맛집이라고, 이 집 인심 좋다고 소문이 났나 보다. 우리 집 부근에만 새소리가 요란하고 분주하게 손님들이 들고 난다. 모이 접시 옆에 놓인 물 한 모금 먹고 다시 씨앗을 쪼아 먹는다.

한동안 우리 집을 찾는 새는 이렇게 세 종류뿐이었다. 그러다가 갑자기 어여쁜 동박새가 찾아왔다. 전체적인 몸 빛깔이 연한 녹색이고 눈에는 하얀 띠가 둘러져 있어 앙증맞다. 한 마리가 날아온 뒤, 부부인지 또 한 마리가 등장해 물을 마시고 그릇에 퐁당 뛰어들어 함께 목욕을 했다. 겨울인데 춥지 않을까. 목욕하는 새는 처음이었다. 목욕하고 먹이를 먹으려다가 다른 새가 오는 바람에 그냥 날아가서 안타까웠다. 바라보는 것만으로도 새들은 잔잔한 즐거움을 안겨주었다. '불멍'이 아

---

* 감숭감숭: 털 같은 것이 매우 가무스름한 모양

넌 '새멍'에 흠뻑 빠졌다.

지나간 겨울에도 새들의 먹이가 걱정되어 같은 장소에 해바라기 씨앗을 놓아둔 적이 있었다. 한참을 기다려도 새들이 찾지 않았다. 그 이유를 찾아보았더니 위험 때문에 개방된 공간을 좋아하지 않고 접시의 색깔도 최대한 자연에 가까운 색의 그릇에 놓아줘야 한다는 사실을 알게 되었다. 노란 접시 대신 갈색 접시로 바꿔주었는데도 아무런 변화가 없어서 치우고 말았다. 지금 생각해 보면 새들이 경계심을 갖고 지켜보는 단계를 기다리지 못했던 것 같다.

창문을 열고 내 손바닥 위에 씨앗을 올린 다음 새들을 기다려 보았다. 새들은 주변을 맴돌 뿐 가까이 오지 않았다. 아직 그만큼 친해지지는 못했나 보다. 사람이든 짐승이든 마음을 얻는다는 것은 어려운 일임을 느낀다.

다큐에서 늘 먹이 주는 사람에게는 손 위나 어깨 위에 앉는 것을 보았다. 아침이면 주인집 창가에 와서 먹이를 달라는 듯 유리창을 부리로 콕콕 쪼아 잠을 깨우는 모습도 보였다. 나도 열심히 먹이를 주며 친분을 쌓고 새와 교감하게 될 날을 그려본다.

한파로 베란다에 놓인 세탁기가 얼었을 때 새들은 얼마나 추울까 걱정이 되었다. 예전에 흔하디흔했던 참새도 급격히 줄어들고 있다. 적응력과 생존력 강하기로 소문난 참새지만 환경오염과 서식지 파괴에는 어쩔 도리가 없는 것이다. 이제 참새는 환경부가 지정한 '보호조수'라고 한다. 내가 어렸을 때만 해도 어딜 가든 새소리가 많이 들렸는데 이러다 미래의 아이들은 새소리를 못 들을 수도 있겠다는 생각이 든다.

'버드 피딩'이라는 말이 있다. 버드 피딩은 야생 새들의 겨울나기를 돕기 위해 모이통을 베란다 밖이나 나무에 걸어두는 행위이다. 영국·미국 등 해외에서는 버드 피딩을 많이 활용하고 있는데 이처럼 버드 피딩이 흔한 나라에서는 모이통을 이용한 개체 수가 이용하지 않은 개체 수보다 두 배 가까이 늘었다고 한다. 단독 주택과 마당이 흔한 두 나라와 달리 우리나라는 아파트에서 사는 사람이 대부분이라 버드 피딩이 쉽진 않은 상황이다.

남편은 새들을 바라보는 것이 소확행이라며 물도 떠다 주고 해바라기 씨앗을 큰 포장으로 두 봉지나 구입했다. 나는 나무색 예쁜 새집을 주문했다. 우리에게 즐거움을 안겨주는 새들에게 포근한 보금자리를 선물하고 싶다. 집 앞 큰 나무에 매달아 줄 예정이다. 어떤 새가 입주할지 행복한 만남을 기다려 본다.

우포를 읽다

　창녕의 우포늪으로 남편과 여행을 떠났다. 4박 5일 동안 둘레길을 걸으며 오직 그곳에만 머물기로 했다. 우포는 십 년 전, 남편과 사진 출사를 다니며 처음 만나게 된 이후 즐겨 찾는 곳이다.

　이곳에는 소벌을 중심으로 사지포, 목포, 쪽지 벌이 크고 작은 늪을 이루고 있다. 원래는 하나의 습지였으나, 일제강점기 제방이 생기고 곳곳에 논이 조성되며 네 개로 나뉘었다. 1960~1970년대 벼농사가 성행할 무렵 습지를 메우려다 중단되었다. 자칫하면 우포를 잃을 뻔했다. 무려 1억 4천만 년 전, 중생대 백악기에 형성되어 인간의 간섭에도 굴하지 않고 살아남은 경이로운 공간이다.

　하지만 나는 우포를 단지 오래된 자연으로만 기억하고 싶지 않다. 이곳은 원시의 늪이자, 수많은 새들이 깃드는 생명의 품이다. 드넓은 습지에 수많은 물풀들이 자라는 가운데 봄에는 노랑 어리연이 피고,

자운영이 물가를 보랏빛으로 물들인다.

초여름 밤, 차박을 할 때 바람에 실려 왔던 아까시나무꽃 향기. 단풍 든 가을에는 산모퉁이를 걷다가 야생 탱자를 한 아름 주워 겨우내 향긋한 차를 마시기도 했다. 스산한 겨울, 눈 덮인 하얀 풍경까지 사계절의 우포는 켜켜이 새들의 흔적이 쌓이는 책처럼 느껴진다. 그래서 나는 우포를 '두터운 책'이라 부르고 싶다.

예전에는 사람들이 거의 없는 한적한 곳이었으나 이제는 둘레길을 찾는 사람이 부쩍 늘었다. 11월의 날씨답지 않게 따스해서 걷기에 쾌적했다. 손을 잡고 걷는 노부부, 유아차에 아기를 태워 온 가족, 젊은 연인, 아들과 나란히 걷는 아버지의 다정한 모습이 눈에 들어왔다.

그들의 뒷모습을 보며 문득 이런 생각이 들었다. 걷기 좋아하는 사람들의 마음은 비슷하지 않을까. 도시에서의 일상은 너무 빠르고 무겁다. 천천히 하늘을 올려다보는 것조차 잊게 된다. 그런 숨 가쁜 시간에서 잠시 벗어나 자연과 마주하면, 잃어버렸던 평안이 마음속에 스민다. 제주도의 올레길이 색다르고 화려한 풍경으로 사람들을 부른다면 우포는 소박하고 심심한 모습들이 조용히 마음을 붙든다.

이곳에서 나는 제방길을 좋아한다. 제방 위에 서면 늪이 한눈에 들어오고 주변을 둘러싸고 있는 낮은 산이 부드럽게 펼쳐진다. 남편이 삼각대를 세우고 사진을 찍는 동안 나는 그저 물가에 앉아 하염없이 '물멍'을 한다. 텃새와 철새들이 유유히 노니는 모습을 바라보다 보면 마음이 물결처럼 잔잔해진다. 이번에 운이 좋다면 오랜 시간 우포에서 복원시킨 주홍빛 날개의 따오기를 만날 수 있기를 바랐다.

냇가에 놓인 징검다리를 건너고 갈대숲을 지나 왕버들이 빼곡한 서쪽 숲으로 향했다. 이끼 낀 나무들이 신비한 기운을 풍기는 '비밀의 정원'이라고 불리는 곳에 도착했다. 한 무리의 학생들이 사진작가의 설명을 들으며 사진을 찍고 있었다. 그들이 자리를 비운 후, 나는 조용히 그 자리에 다가섰다.

　　작은 물웅덩이가 왕버드나무 여러 그루에 둘러싸여 있었고 몸 안 가득 서너 개의 그림자를 품고 있었다. 갈색의 나무 그림자 사이, 유독 푸른 그림자 하나가 선명하게 눈에 들어왔다. 그러나 나를 매혹시킨 것은 그림자가 아니라, 그림자를 품은 까만 물빛이었다. 깊이를 알 수 없는 검은 물. 나무를 비추지 않은 어둠은 '심연'이라는 단어와 맞닿아 있었다. 그 순간, 나는 그 물빛이 블랙홀처럼 나를 끌어당기는 느낌을 받았다.

　　남편은 여러 각도로 카메라 구도를 잡아보며 그 물빛을 담으려 애썼지만 뷰파인더에는 오히려 하얗게 나타났다. 투명한 물빛이 오랜 시간의 기억을 겹겹이 품으면 마침내 어둠 속에서 스스로 빛을 내는 것일까. 이렇듯 우포는 올 때마다 새로운 표정을 선물처럼 내어놓는다.

　　물결, 바람, 새소리, 나무 그림자, 그리고 그 속의 나. 여행 마지막 날, 나는 우포의 책장을 천천히 덮었다. 고단한 마음을 물가에 뉘고 싶은 날, 다시 이 책을 펼치러 돌아올 것이다.

3부

마음 겨울 때

아들이 취업한 지 두 달 만에 회사 근처로 방을 얻어 이사하기로 했다. 처음에는 차를 사서 집에서 다닐까 생각하기에 나는 내심 빨리 독립하기를 바랐다. 나도 이제 뒷바라지를 면해 편히 지내고 싶었고 예전부터 결혼 여부를 떠나 서른이 되면 무조건 독립해야 한다고 일러두었었다.

스물여덟에 이뤘으니 두 해는 빠른 편이다. 한 달쯤 회사를 다녀보던 아들은, 출퇴근 시간이 오래 걸려 쉴 수 있는 시간이 별로 없다며 독립을 결정했다. 아이들이 어렸을 때 같이 사는 것과 성인이 돼서 같이 사는 것은 많은 차이가 있다. 다 컸다고 부모의 말을 잔소리로 여긴다. 간섭받기 싫으면 더더욱 능력을 키워 자립할 수밖에.

아들은 원룸을 얻어놓고는 이사하기 전부터 꿈에 부풀어 있었다. 어느 날은 간밤에 잠이 오지 않아 방을 어떻게 꾸밀지 그려보았다는 노트를 보여주었다. 혼자 살 생각에 아주 신이 났나 보다. 거창하게 하겠다는 건 아니지만 간단한 가구 배치와 소품을 어떤 것으로 할까 고르며 좋아했다. 인터넷에 잘 꾸며진 원룸 인테리어 사진을 보여주고 동생에게도 이것저것 물었다.

택배로 매일매일 그의 물건들이 도착하기 시작했다. 탁자, 옷걸이 행거, 노트북, 타월 등등. 그리고는 엄마, 토스터기 나 주면 안 돼? 프라이팬도. 거실에 걸려 있는 사진 액자와 새로 산 쿠션까지 눈독을 들이며 품목은 다양해졌다. 시집간 딸은 도둑이라더니 아들도 마찬가지네. 겉으로는 웃으며 말했지만 속마음은 여러 가지 감정이 교차했다.

아들은 어렸을 때 겁이 많은 편이었다. 초등학교 저학년 무렵, 군대 가면 밤에 보초 설 때 귀신 나올까 봐 무섭다고 했었다. 막상 군대 가서는 헌병 중대장으로 군 생활을 잘 마쳐주었다. 친구처럼 서로 많은 이야기를 나누는 딸들과는 달리 아들과는 함께하는 시간이나 대화가 적었다.

면접을 앞두고 양복을 사러 단둘이 처음 쇼핑을 갔을 때도 별로 할 말이 많지 않아 어색했었다. 딸들이랑은 맛집이나 전시회를 함께 다녔어도 아들과 둘이서만 외식을 했던 것은 손에 꼽을 정도다. 성별이 달라서일까 둘 다 무뚝뚝한 탓일까 서로 마음을 잘 표현하지 못하는 것 같아 아쉬웠다.

드디어 이사하는 날 아침 일찍 서둘러 짐을 싣고 용인에 도착했다. 원룸 건물들이 모여 있는 한적한 곳이라 조용해서 좋았다. 회사까지는 걸어서 15분 정도 걸린다고 한다. 짐이 많지 않아 옮기고 청소와 정리하기까지 오래 걸리지 않았다. 점심을 함께 먹고 쇼핑한다기에 백화점 앞에 내려주었다.

 앞으로의 자유로운 생활에 들떠 보이는 그는 우리에게 인사를 하는 둥 마는 둥 하고 금방 사라졌다. 아들은 우리가 마음 겹다*는 것을 헤아릴 순 없을 것이다. 자식 낳아서 키워보고 떠나보낼 때가 되어야 알 수 있는 마음이다. 우리 부모님도 똑같았을 텐데, 젊은 날 나도 몰랐으니까 말이다.

 남편과 나는 차를 타고 오면서 아무 말이 없었다. 말을 꺼내면 눈물이 먼저 나올 것 같았다. 당신도 허전한 마음이지. 울먹울먹 내가 말했다. 그도 대답을 쉬이 하지 못했다.

 큰딸 시집보낼 때와는 좀 다르지만 가슴에 커다란 구멍이 뚫린 듯 허전하고 먹먹한 것은 마찬가지였다. 차창으로 들어오는 햇살이 따스하니 완전히 봄 날씨다. 한 달만 있으면 벚꽃이 필 듯하다.

 "여보, 올봄에는 석촌호수 벚꽃 길 함께 걸어보자던 약속, 아들한테 꼭 지키라고 해야겠어."

---

* 마음 겹다: 어떤 것에 몹시 관심이 가고 감정이 이는 상태에 있다.

시간의 무늬

　서랍 속에서 물건을 찾다가 낡은 천 가방을 발견했다. 한동안 즐겨 들고 다녔던 퀼트 가방이다. 검푸른 바탕색이 빛이 바래 먹구름 같은 색을 띠고 있지만 이어 붙인 각각의 헝겊은 제 빛깔을 잃지 않고 있다.
　언젠가 퀼트를 배우고 싶었던 적이 있었다. 그렇지만 선뜻 시작하지 못했다. 그 당시 취미로 배우기에는 재료비와 수강비가 비쌌기 때문이다. 한참 세 아이들이 커나가는 때라 교육비며 생활비가 늘 부족하던 시기였다.
　경제적인 부담과 함께 내게는 퀼트를 배우기에 불편한 점도 있었다. 다한증이 있어 손에 땀이 많이 나서 간단한 바느질하기도 힘든 편이다. 바느질하다 보면 헝겊이 금세 젖어버리므로 뻑뻑해진 천에 한 땀 한 땀 꿰매기가 힘들다. 땀에 젖어 바늘이 자꾸 녹슬어 버리는 단점까지 있었다.

하고 싶지만 여러 가지 이유로 할 수 없어서인지, 더 간절한 마음으로 퀼트 가게를 지나가다 보면 발길이 멈췄다. 쇼윈도 너머로 보이는 아기자기한 소품들은 항상 나를 사로잡았다. 그중에서도 가장 눈길을 끄는 것은 가방이었다. 다양한 색과 모양의 가방은 천으로 만들었기에 우선 가볍고 알록달록한 색감이 그림처럼 마음속에 스며들었다.

직접 만들 수 없으니 완성품을 사고 싶었는데 가격이 비싸서 엄두도 못 냈다. 그러던 어느 날, 성당에 갔다가 기쁜 소식을 들었다. 바자회가 열리는데 퀼트 제품도 저렴하게 판다는 것이다.

드디어 바자회 날이었다. 우리 구역에서 음식을 만들어 팔며 종일 기다리는데 헛소문인지 헝겊 쪼가리 하나 보이지 않았다. 어둑어둑해질 무렵 신부님이 지나갈 때 물어보았다. 그제서야 깜빡 잊었다며 물건을 꺼내 오라고 시켰다.

기대에 차서 사람들이 몰려들었다. 막상 탁자 위에 가져다 놓은 것들은 종류가 많지 않았고 마음에 들지 않았다. 그렇지만 하나라도 건져야 한다는 일념으로 이것저것 재빨리 들춰 보았다. 그때 내 눈에 들어온 코발트빛 가방이 있었다. 다른 사람에게 뺏길까 싶어 얼른 집어 들었다. 가격은 단돈 2만 원. 횡재한 기분이었다.

세련된 디자인은 아니지만 어두운 코발트빛을 바탕으로 갈색과 남색, 녹색, 청보라색 등 조각천이 이어져 색의 배열이 아름다웠다. 내가 대체로 좋아하는 색의 조합이라 눈에 띄었던 것이다. 크기도 딱 알맞았다. 잡다한 소지품이랑 책과 노트를 넣을 수 있을 만큼 넉넉했다.

오랫동안 그 가방은 나와 함께 보냈다. 힘들고 지친 일상을 내 어깨에 걸쳐져 함께했다. 자세히 보니 가방의 무늬에 그동안 내가 지내 왔던 모든 날들이 다 들어 있었다. 끝이 보이지 않는 미로를 헤매었던 날들, 가끔은 장미꽃이 피어나듯 행복하던 날도 있었고, 캄캄한 밤하늘에 빛나는 별이 길잡이 해줄 때도 있었다. 나는 왜 퀼트를 배우고 싶었을까. 그 당시 어두웠던 내 일상을 알록달록 밝게 가꾸고 싶었던 때문인지도 모르겠다.

짙은 남색 조각천은 노란색으로 변하고 암갈색은 분홍빛으로도 바뀔 수 있겠지. 가방 안에는 작은 바람들을 차곡차곡 담는다. 의미 있고 새로운 가치의 것들로 채워 나가며 끊임없이 시간의 무늬들을 이어 붙인다.

내 삶의 조각보는 훗날, 화려하진 않아도 은은한 멋을 지녔으면 좋겠다. 내일은 또 어떤 무늬를 이어 붙일 수 있을까.

벨 에포크로 떠나는 기차

'미셸 들라크루아, 파리의 벨 에포크' 전시회에 다녀왔다. 2016년 봄, 두 딸과의 유럽 여행에서 첫 번째 들른 도시가 파리였기에 반가운 마음으로 한걸음에 달려갔다. 우리는 파리에서 일주일 동안 현지인의 방을 빌려 지냈었다. 그 방에서 창을 열면 파리 시내가 내다보였다. 들라크루아의 그림은 꿈에 그리던 도시로 떠난 설레는 마음을 활짝 열어주던 그때로 돌아가게 했다.

지난 오십여 년 동안 1930년대의 파리의 풍경과 생활상을 그린 프랑스 현존 화가 미셸 들라크루아(Michel Delacroix)의 탄생 90주년 특별전이다. 이번 전시에는 그가 75세이던 2008년의 작품에서부터 최근인 2023년의 작품까지 작가로서 원숙함이 돋보이는 시기의 작품들을 보여준다.

작가는 열 살 때부터 그림을 그리기 시작해서 아흔이 넘은 현재까지도 왕성하게 활동을 이어가고 있다. 들라크루아는 1930년대의 파리의 명소를 주로 그렸다. 어린이와 같이 소박한 표현기법의 그의 그림은 관람객으로 하여금 마음이 행복해지고 살며시 미소 짓게 만든다. 관람객의 연령층이 다양했지만 어린아이들이 좋아할 수 있는 그림이라서일까, 자녀들을 데리고 온 가족들이 많아 보기 좋았다.

'벨 에포크'란 프랑스어로 '아름다운 시대'를 의미한다. 역사적으로는 프랑스의 정치 격동기가 끝난 1870년부터 1914년 제1차 세계대전이 발발하기 전까지의 시간을 말한다. 그러나 작가가 작품에서 표현하고 있는 '벨 에포크'는 자신의 어린 시절인 평화롭고 아름다웠던 1930년대를 그림 속에 녹여냈다.

전시는 총 여덟 가지의 테마가 정거장을 콘셉트로 구성되어 공간을 따라 방의 색깔이 다른 분위기로 관람객의 흥미를 끌었다. 거의 한 세기를 살아온 작가의 삶의 궤적을 따라가며 과거로의 시간 여행을 하는 재미를 선사한다.

첫 번째 정거장은 어둠이 내려앉은 파리의 명소 풍경이 펼쳐지는데 영화 〈미드나잇 인 파리〉의 장면 속으로 들어간 듯한 느낌을 준다. 밤에서부터 낮으로 변화하는 배열로 그림을 전시해서 파리의 거리를 거니는 기분도 안겨준다.

여러 작품 가운데 〈파리를 사랑해〉라는 그림이 마음에 와닿았다. 꽃무늬 벽지가 있는 방의 벽 한 면에 커다란 유리창이 있다. 파란색 장틀의 색감이 시선을 사로잡는다. 열린 창문으로 들어오는 바람에 하얀 레이스 커튼이 휘날린다. 노을이 지는 저녁 하늘을 배경으로 멀리 에펠탑이 보이고 파리 시내의 건물 등 아름다운 풍경을 그린 그림은 나를 여행의 추억 속으로 데려갔다.

피사로 · 들로네 · 카유보트 · 샤갈 · 모네 등 수많은 화가가 파리의 명소들을 그렸으나, 대부분은 파리 출신이 아니었다. 그러나 들라크루아는 파리에서 태어나 성장하고 대부분의 인생을 그곳에서 보낸 화가다. 화가로 살아온 인생의 대부분을 파리를 주제로 작업해 온 진정한 파리지앵 화가라고 할 수 있다. 들라크루아의 그림을 따라가다 보면 어느새 노트르담 대성당, 에펠탑, 개선문 가운데 서 있는 자신을 발견하게 된다.

네 번째 정거장은 '겨울 이야기'로 그 방에서는 검푸른 벽에 눈이 내리는 모습을 레이저로 표현하여 관람객에게 겨울 느낌의 입체적이고 신비로운 분위기를 안겨준다. 한쪽 벽면에는 어린 소년의 들라크루아가 강아지 퀸을 만나는 모습이 애니메이션처럼 펼쳐져 동화 속에 들어온 것같이 구현하고 있다. 또한 그림 속 가스 등을 켜는 남자를 마주하는 것처럼 벽의 조명이 레몬빛 가스 등과 닮아 있어 관객에게 몰입감을 안겨준다.

다섯 번째 정거장은 '메리 크리스마스'로 갈색의 방에서 보이는 다양한 크리스마스의 모습이 정감 있다. 크리스마스이브가 다가오는 때 준비하는 모습들에 뒤이어 그리스도가 탄생하는 그림, 선물을 주고받고 맛있는 음식을 먹는 크리스마스 날에 다가가는 과정의 그림들이다.

일곱 번째 정거장은 '우리의 사적인 순간들'이라는 주제의 노란색 방인데 작가의 고향인 이보르의 전원 풍경을 선보인다. 노란 색감은 작가의 유년기를 상징하듯 밝고 명랑한 콘셉트다. 들라크루아와 어머니의 추억이 담긴 작은 마을, 나비 잡는 작가의 어릴 적 모습, 노을이 지고 있는 나무 아래 앉아 있는 그의 고즈넉한 모습을 볼 수 있다.

여덟 번째 정거장은 '그리고 아직도'인데 회색의 차분한 벽면에는 작가의 최근작들로 죽는 날까지 계속 작품을 그리겠다는 들라크루아의 의지와 한결같은 열정을 느낄 수 있다.

들라크루아는 작품에 표현된 모든 풍경들이 마음속에 저장된 풍경이라고 말한다. 과거에 대한 문서나 사진이 아닌 인상에 대한 것을 그린 것이라고 설명한다. 모네 같은 '인상주의자'들이 그린 것처럼 파리에 대한 인상을 기록해 냈다는 것이 특징이라고 여겨진다.

영상 속에서 들라크루아의 작업하는 모습을 볼 수 있었다. 90세의 나이가 믿어지지 않을 정도로 순수하게 미소 짓는 소년의 표정을 하고 있다. 영원한 벨 에포크의 시절 속에서 머물며 그림을 그리고 있기 때문이 아닐까. 훗날 기록할 나의 아름다운 시대는 어떻게 표현할 수 있을까 질문을 던지게 되는 전시회였다.

나만의 바리스타

남편과 떠난 강릉 여행길, 커피를 마시기 위해 카페에 들렀다. 여러 채의 붉은 벽돌 건물은 위압적일 정도로 크고 내부의 인테리어가 독특했다. 우리는 이러한 공장형 카페의 어수선한 분위기를 좋아하지 않는다. 깔끔하고 아늑한 카페를 좋아하는데 이곳에 들른 이유는 커피 맛에 대한 기대가 있었기 때문이다. 언젠가 카페 대표가 TV에 나와서 자신의 남다른 커피 철학을 멋지게 이야기한 것에 호감이 생겼었다. 대표의 말을 듣고 흔한 커피 체인점과는 다른 맛있는 커피를 기대하게 되었다고나 할까.

메뉴판을 보고 서로 다른 품종의 드립 커피 두 잔을 주문했다. 먹음직한 빵도 골랐다. 이른 아침 시간이었지만 넓은 건물 안에는 되돌고 되나는* 곳으로 분주한 모습이었다. 이 층에 자리를 잡고 기대감을 품은 채 커피를 마시기 시작했다. 산뜻한 향미를 기대했건만 밋밋하고 씁쓸하기만 했다.

　남편의 커피도 마셔보았는데 산미가 약간 있긴 하나 여운을 주지 못하는 그저 그런 맛이었다. 내 커피를 마셔본 그의 표정도 나와 비슷했다. 균형 잡힌 농밀한 맛을 느끼고 싶었다. 실망이야. 당신이 내려준 커피가 훨씬 맛있어. 그렇지? 나도 그렇게 생각해. 이참에 카페를 차릴까 봐. 우리는 마주 보고 웃었다.

　커피 맛은 주관적으로 사람마다 느끼는 것이 다를 듯하다. 아무튼 우리 취향은 아니었기에 비싸기만 한 커피값이 살짝 아깝다는 생각이 들었다. 우리는 둘 다 커피를 좋아하지만 원두에 대해서도 잘 모르고 예민하게 맛을 아는 사람은 아니었다. 평소에 집에서는 캡슐 커피나 인스턴트를 마시는 정도였다. 그러던 우리가 원두를 주문해서 직접 내려 마시게 된 계기가 있었다.

　올봄에 제주도에 여행 갔을 때였다. 사려니숲길을 찾아가는 길에 건물 외관이 멋진 갤러리같이 생긴 카페에 들르게 되었다. 비가 내리고 있었고 카페 오픈 바로 전이어서 넓은 실내에는 다른 손님이 없고 둘만의 차지가 되었다.

　메뉴에 '코르타도'가 있어 반가운 마음에 그것을 시켰고 남편은

---

* 되돌고 되나다: 많은 사람이 계속하여 출입하다.

드립 커피 몇 가지 중에 주인이 추천하는 것으로 주문했다. 비 내리는 창밖 풍경이 멋있어서 그는 커피를 기다리는 동안 여기저기 사진을 찍었다.

이윽고 커피 두 잔이 예쁜 잔에 담겨 왔다. 그의 잔 옆에는 원두의 품종과 생산지, 그리고 초콜릿, 오렌지 꽃, 복숭아의 산미를 느낄 수 있다는 설명이 적힌 카드가 있었다. 나는 코르타도를 마시며 스페인 여행에서 마셔본 그 맛이야를 외쳤고 그는 인생 커피를 만난 것이다.

그는 집에 와서도 그 커피 맛을 잊지 못했다. 제주도에 또 갈 수도 없고 하며 아쉬워하기에 문득 커피 마시기 전, 사진을 찍어두었던 생각이 났다. 카드에 품종이 적혀 있었으니 똑같은 원두를 찾아 주문하면 될 일이었다.

원두가 도착했다. 지인한테 선물받은 캠핑용으로 간단히 커피 내리는 도구를 사용했다. 원두를 넣고 손잡이를 돌려서 곱게 갈아줘야 하는데 손목 힘이 약한 나는 돌릴 수가 없었다. 남편은 능숙하게 커피콩을 갈았다. 온 집 안에 고소한 향기가 퍼졌다. 잔을 따뜻하게 데우고 물을 끓여 커피를 내리는 일은 섬세한 그의 성격에 잘 어울렸다.

최근에는 강렬한 에스프레소보다 재료의 맛을 온전히 살린 브루잉 커피를 찾는 사람들이 늘고 있다고 한다. 브루잉은 압력을 가하지 않고 순수하게 커피가루와 물만으로 커피를 만드는 방식이라 깊은 맛이 살아 있다.

커피에는 저마다 고유의 색깔이 있다. 어느 지역에서 어떤 농부에게 생산되었고 또 어떤 로스터와 바리스타를 만났는지에 따라 속성이 전부 다르다. 그날의 날씨, 물, 온도, 커피를 내리는 손길마다 민감하게 달라지는 다채로움이 커피만의 매력이다.

    커피를 음미하는 시간은 일상을 풍요롭게 한다. 자극적이지 않은 산미와 꽃 향이 어우러지는 신세계를 만났다. 예전에는 신맛의 커피를 싫어했었는데 이제는 카페에 가도 산미가 있는 것을 주문하게 된다. 원두도 다양하게 이것저것 시켜보고 있다.

    커피 입맛의 초보이긴 하지만 눈을 뜨게 되었다고나 할까. 주말이면 커피 내리는 일은 자연스럽게 그의 몫이 되었다. 커피를 마시며 뜸하던 대화가 부드럽게 이어졌다. 그는 맛있는 커피 덕분에 주말이 기다려진다고 한다.

    당신이 내려주는 커피가 최고야. 나만의 바리스타에게 칭찬을 아끼지 않는다. 우리에게 행복은 커피를 마실 때마다 리필이 된다.

잉크 샘

스탠드의 불을 켜고 책상에 앉았다. 어둑신한 분위기가 마음을 편안히 가라앉혀 주었다. 노트를 펼치고 글을 쓰기 시작했다. 몇 줄을 끄적였으나 이내 쓰고 싶은 문장은 머릿속을 맴돌 뿐 잘 떠오르지 않다. 차를 한 모금 마시며 애꿎은 만년필만 만지작거리고 있다.

내가 관심을 갖고 있는 것은 펜이다. 펜을 언제부터 좋아했는지 명확하지는 않다. 주로 끄적거리는 것을 좋아하기에 필기감이 좋은 것을 선호하곤 했다. 처음 글쓰기를 시작했을 때는 노트에 펜으로 초고를 완성하고 컴퓨터에 옮기며 수정해서 원고를 완성했었다.

어느 정도 시간이 흐른 뒤에는 노트북을 사용하는 것이 훨씬 빠르고 편해지면서 점점 손 글씨를 쓰는 일이 줄어들었다. 나조차도 내 글씨체가 낯설어질 지경이다. 느슨해지는 마음을 다독이며 하루에 단 몇 줄이라도 글을 쓰는 습관을 들이기 위해서 매일 펜을 잡고자 노력한다.

펜을 좋아하다 보니 최근에 가죽으로 된 펜 파우치를 구입했다. 칸칸이 꽂아놓으면 펜 고유의 개성 있는 디자인이 돋보여서 보기 좋다. 그날의 기분에 맞춰 펜을 골라 쓴다. 일기를 쓰거나 여행지에서 글을 쓸 때는 역시 만년필만 한 것이 없다. 여행 가방을 꾸릴 때 가장 먼저 챙기는 것이 만년필과 노트이다. 또한 여행지에서는 문구점에 들러 특색 있는 노트와 필기구를 나에게 선물하곤 한다.

하루의 여정을 마치고 호텔에서 피곤함마저 달콤한 시간. 사각사각 소리를 내며 종이에 잉크가 퍼져가는 만년필의 감촉은 감성을 서서히 일깨워 준다. 펜촉의 두께, 잉크, 종이 질 등에 따라 모양도 글씨 번짐도 달라지는 만년필은 손끝에서 느껴지는 아날로그의 매력이 넘치는 필기구다.

만년필의 원이름은 'fountain pen'이다. '잉크가 영원히 넘쳐나다'를 시적인 표현으로 '샘처럼 솟아오르다'라고 표현하여 '샘' 또는 '분수'의 뜻을 지닌 'fountain'과 'pen'이 합쳐져 'fountain pen'이라는 새로운 고유명사가 탄생하였다고 한다. 유명한 작가들과 인연이 깊은 존재인 만년필은 그들의 손에 의해 '창작의 도구'가 되어왔다. 내 손에 쥐어진 펜도 작가들처럼 술술 이야기를 풀어낼 수 있다면 얼마나 좋을까.

최근 오가와 이토가 쓴 《츠바키 문구점》이라는 책을 읽었다. 아름다운 손 편지로 누군가의 간절한 마음을 대신해 주는 대필가 포포의 이야기를 담은 소설이다. 의뢰인이 찾아오면 포포는 그들에게 의자를 내어주고 맛있는 차를 대접하며 털어놓는 사연을 경청한다.

포포가 편지를 쓰는 과정은 깜짝 놀랄 만하다. 상대의 기분, 의뢰인의 성별과 성격, 의뢰받은 내용에 따라 모든 요소를 세심하게 살핀다. 성별에 따른 필체와 어투는 물론이고, 어떤 필기구를 쓸 것인지, 편지지와 편지봉투의 지종은 무엇으로 할 것인지, 잉크 색깔, 우표 모양, 밀봉 방식까지 정성을 들인다. 그의 마음과 몸이 되어 최적의 언어를 고르는 모습을 보면서 내가 글을 쓸 때의 마음가짐을 뒤돌아보게 되었다. 또한 내가 대필가라면 의뢰인에 맞게 어떤 편지를 쓸 수 있을까 생각해 보기도 했다.

대필가 포포는 지나간 첫사랑에게 보내는 안부편지를 의뢰인의 투명하고도 선한 마음이 전해지도록 유리펜을 사용했다. 날카롭고 뾰족한 펜 끝이 삭삭대며 독특한 소리로 속삭인다니 써보고 싶은 호기심을 자극한다. 이 시대에는 사라져 버린 직업이겠지만 할 수만 있다면 한적한 시골 문구점에서 주인공처럼 대필가로 살아보는 것도 소소한 행복을 누릴 수 있을 듯하다.

쓴다는 것은 나에게 무슨 의미일까. 보고 듣고 느끼는 모든 행위는 마지막에 쓰는 것으로 귀결된다. 슬프거나 적막할 때 혹은 행복할 때도 난 늘 쓰고 있다. 쓴다는 것은 생각과 감정들을 다듬으면서 나를 뒤돌아보는 시간이다.

지나간 일, 그 당시는 몰랐던 안개같이 모호한 마음도 정리하고 이해하며 다독여 살아갈 힘을 얻는다. 나를 표현하고 존재감을 느끼는 글쓰기는 쓰지 않을래야 쓰지 않을 수가 없는 행위인 것이나. 때문에 쓰는 도구 역시 친근한 존재다. 나와 특별한 인연을 맺은 펜은 등단할 때, 남편이 영문 이름의 각인을 새겨 선물한 검은색 만년필이다.

만년필은 원래 자주 사용해야 좋은 펜 감촉을 유지할 수 있다. 다른 펜에 비해 부지런히 쓰는 것이 잘 관리하는 방법이다. 자주 쓰지 않으면 잉크가 굳어 나오지 않는 단점 때문에 불편하다. 게으름을 피워 글씨가 써지지 않을 때면 몽땅 분해해 청소하거나 따뜻한 물에 담가 굳은 잉크를 녹여주어야 한다.

　특유의 진한 잉크 냄새는 학창 시절 펜촉에 묻혀 필기하던 수업 시간의 아련한 추억을 불러온다. 편지로 마음을 나누던 친구들도 그리워진다. 만년필의 잉크가 굳지 않도록 내 안의 문장도 멈추지 않기를 바란다.

소중한 선물

"엄마, 생일 축하해. 점심에 맛있는 거 해주러 갈게." 큰딸에게 전화가 왔다. 매일 세끼를 차려야 하는 내게 누군가 음식을 해준다는 것은 무엇보다 반가운 일이다. 더구나 생일이었으니 더할 나위 없이 기뻤다.

주인공이 되어 식탁에 앉아서 요리하는 것을 바라보았다. 그녀는 음식을 만들며 내게 생소한 요리 재료들에 대해 알려주었다. 보라색 껍질의 미니양파인 샬롯, 허브 종류인 딜과 타임, 더블크림 등. 크림홍합스튜는 비교적 간단했다. 샬롯과 마늘은 편 썰고 셀러리는 곱게 다졌다. 버터 한 수저를 냄비에 녹여서 위의 채소를 볶았다. 고소한 향이 나게 볶아지면 홍합을 넣고 섞은 뒤 화이트 와인을 넣고 월계수잎 한 장 넣어주고 섞어줬다.

와인이 팔팔 끓으면 뚜껑을 닫고 홍합이 전체적으로 입을 열 때까지 끓였다. 입을 연 홍합만 건져내고 약불로 줄여 타임을 잎만 훑어서 넣고 더블크림을 넣어 잘 풀어줬다. 마지막에 파슬리랑 후추, 레몬 껍질을 약간 갈아 넣었다. 홍합에 간이 되어 있어 국물에 따로 간을 할 필요 없는 상큼한 요리가 완성되었다.

그녀는 예쁜 접시에 음식을 담고 화이트 와인을 잔에 따라주었다. 두근거리는 마음으로 스튜의 국물을 맛보았다. 파리의 샹젤리제 거리, 그 식당에서 먹었던 맛이야. 정말 고마워. 어떻게 이 음식을 선택했을까. 코로나로 인해 해외여행 가기 힘들어졌기에 언제 다시 갈 수 있을지 몰라서 준비했단다.

우리는 식사를 하며 여행의 추억을 나누었다. 홍합 살을 모두 발라 먹고 나서 남은 국물에 파스타면을 넣어 먹었다. 화이트 와인을 곁들여 마시며 행복감에 취했다. 마음 한편에 따뜻한 흔적을 남긴 선물이었다.

큰딸은 결혼하기 전, 우리 식구들에게 맛있는 음식을 많이 만들어 주었다. 여러 가지 파스타를 비롯한 양식부터 일식, 중식, 머핀이나 쿠키 등 디저트까지 종류가 다양했다. 배, 생강, 마늘, 무를 간 향신 즙을 만들어 얼음 틀에 얼려놓고, 여러 가지 야채와 과일을 넣어 끓인 맛간장을 만들어 두었다가 필요한 음식에 양념으로 쓰는 등 요리에 진심이었다.

나는 가족을 위해 항상 음식을 하지만 의무감으로 만들게 된다. 요리하는 것을 좋아하지 않는 것은 삼십 년 넘게 시부모 모시고 살면서 삼시 세끼 만드느라 지친 탓이라고 생각한다. 정성 들여 누군가를 위한 의미 있는 식사를 차려본 것이 언제였던가. 마음먹고 하면 나도 잘 만든다.

다음 날, 큰딸의 음식 선물에 발동이 걸려 오랜만에 솜씨 한번 발휘했다.

"자, 오늘은 프랑스식 배추술찜입니다." 식구들은 담백하다며 맛있게 먹어주었다. 그 모습을 바라보는 내 마음도 뿌듯했다. 이 맛에 요리하는 거지.

음식에는 이야기가 있다. 애틋한 사랑과 아름답던 어느 한순간이 음식의 맛과 향기에서 되살아난다. 음식을 먹는다는 것은 과거를 음미하며 현재로 불러오는 것, 그리고 삶의 깊이를 터득하는 것이 아닐까.

마중

#. 딸

　저녁을 먹고 난 후 설거지를 하는데 갑자기 비가 내리기 시작했다. 퇴근해서 돌아오는 딸에게 우산을 가지고 버스 정류장에서 기다리겠다는 문자를 보낸 뒤 집을 나섰다. 마중을 나가본 것이 무척 오랜만이라는 생각이 들었다.
　마중이란 단어는 정겹고 따스한 느낌이 있다. 보고 싶거나 반가운 사람이 올 때 먼저 길을 나서게 하는 말이다. 하지만 이제는 잊히고 사라져 가는 정서가 된 듯하다. 예전에는 누군가의 마중을 나가곤 하는 일이 잦았다. 버스 정류장에는 우산을 들고 가족을 데리러 나온 사람이 더러 있었다. 커다란 우산 안에 딸의 어깨를 감싸고 가는 부녀의 모습이 따뜻해 보였다.

이윽고 버스에서 딸이 내렸다. 딸은 맛있는 거 먹으러 가자고 했다. 저녁을 먹으며 직장에서 있었던 일, 힘든 일, 등등 많은 이야기를 나누었다. 모처럼 둘만의 오붓한 시간이었다. 비가 오지 않아도 가끔은 예고 없이 딸을 마중하러 나와야겠다.

#. 동생

고등학생 때였다. 내가 살던 동네는 대남방송이 들려오는 임진 강가였다. 학원을 마치고 돌아올 때면 버스가 일찍 끊겨 밤길을 30분 정도 걸어 들어와야 했다. 그때는 가로등이 없는 외진 곳이었다. 어쩌다 자동차가 지나갈 뿐 주변은 온통 논으로 둘러싸여 캄캄하고 적막했다.

읍내에서 제방 길을 걸어 다리를 건너면 다리 초입의 검문소에서 군인들이 보초를 서고 있었다. 전방지역이기 때문에 밤에는 특히 출입이 자유롭지 않아 동생들은 검문소 근처에서 나를 기다렸다. 초등학생이던 둘째 동생과 셋째 동생이 함께 오거나 둘째와 엄마가 오기도 했다.

봄, 여름, 가을에는 걸을 만한 날씨였다. 초겨울만 되어도 임진강의 강바람은 쌀쌀하고 을씨년스러웠다. 간간이 하늘을 날아가는 철새 떼의 울음소리가 초저녁 어둠 속의 고요를 깨고 들려올 뿐이었다. 대장 새가 한 무리의 새들을 데리고 가는 것일까. 그들의 비행은 언제 봐도 감탄스러웠다. 화목한 가족처럼 줄을 지어 함께 날아가는 모습이 보기 좋았다. 새들의 기다란 기역자 대열처럼 세 명의 자매들도 오순

도순한 모습이 아니었을까.

강바람이 칼날처럼 매서운 날, 종종거리며 발걸음을 재촉하다 동네 사람의 차를 얻어 타게 되는 재수 좋은 날도 더러 있었다. 셋이었기에 캄캄한 밤길을 무섭지 않게 다닐 수 있었다. 밤마다 동생들은 얼마나 귀찮고 피곤했을까. 이년 여의 밤길을 마중 나와준 동생들이 고맙기 그지없다. 나중에 동생들 마중을 나가주자고 마음먹었지만 정작 나는 취업해 서울로 올라가서 한 번도 나가주지 못했다.

자랄 때는 다섯 자매가 복작복작 지내다가 성인이 된 후, 뿔뿔이 흩어져 살고 있다. 넷째와 막내는 아주 멀리 캐나다에 둥지를 틀었다. 가끔씩 동생이 한국에 다녀가기도 했는데 이런저런 이유로 마중을 나가지는 못했다. 언젠가 동생들이 한국에 다니러 온다면 만사를 제쳐놓고 공항으로 달려가 반갑게 맞이하고 싶다.

#. 남편

마중에 대한 또 다른 기억은 신혼 때였다. 가끔 퇴근 시간에 맞춰 버스 정류장으로 남편을 마중하러 나가곤 했다. 서성이며 기다리는 동안 마음은 연애 시절처럼 말랑말랑하고 설레기도 했다. 그는 버스에서 내려 나를 발견하고는 함박웃음을 지었다. 우리는 실목에 있는 포장마차를 그냥 지나치지 못했다.

결혼 전, 데이트하느라 자주 갔던 포장마차는 부담 없고 편한 공간이었다. 단골 포장마차의 초겨울 메뉴로 석화가 맛있었다. 소주 한잔 마시고 커다란 석화에 초고추장을 살짝 얹어 먹었을 때의 짜릿했던 추억이 떠오른다.

"마중은 소극적 기다림이 아니라 적극적 다가감이다. 너를 기다림이 아니라, 나를 보냄이다. 너로부터 떨어지기를, 멀어지기를 거부하는 몸부림이다. 마중은 너에게로의, 나의 자발적 예속이다. 사랑하는 동안 우리는 늘 마중에 있다."는 극단 기린에서 공연한 뮤지컬 〈마중〉이 소개했던 글을 되새겨 본다.

앞치마, 질투를 받다

남자에게서 처음으로 선물받은 앞치마가 있다. 아르바이트할 때 사장 부부에게 반찬 나눔을 한 적이 있었다. 지인에게서 겉절이를 한 통 받았는데 늘 반찬을 사 먹는다고 하기에 나누어 준 것이다. 굳이 내 솜씨가 아닌 것을 밝히지 않고 주었더니 사장은 이제껏 먹어본 겉절이 중 최고였다는 칭찬을 해주었다. 그러고는 쑥스러운 표정으로 앞치마를 슬쩍 건네며 선물이라고 주는 것이 아닌가. 디자인과 색깔이 내 마음에 쏙 들었다. 어머, 감사해요. 나도 모르게 하이텐션의 인사를 했다. 그는 왜 앞치마를 선물한 것일까. 이불이나 베개 등 그 가게에서 팔던 품목도 아니었기에 의외였다.

내가 만든 음식이 아닌데 칭찬받은 것이 속으로 찔리기도 하고 고맙기도 해서 답례의 의미로 한 번만 더 반찬을 주기로 했다. 마침 정월 대보름이라 내가 자신 있게 잘 만드는 일곱 가지 나물을 만들어 전해

주었다. 이번 반응은 또 예상을 깼다. 반찬을 받자마자 사장 와이프는 정색을 하며 차가운 말투로, 부담스러우니 그만하라는 것이 아닌가.

계속할 생각도 없었고 무얼 바라고 한 것도 아닌데 대체 이 상황은 무엇인지 곰곰이 생각해 보았다. 어떤 것에 기분이 상했을까. 그녀는 가게의 물건도 잘 팔고 바깥일을 잘하는 사람이지만 집안일과 요리하는 것은 자신이 없다고 말했었다. 그런데 남편이 반찬에 대해 지나친 칭찬과 쑥스러워하며 선물을 줄 때 와이프가 바라보던 분위기가 묘했었다. 아마도 그녀의 자격지심을 건드린 것은 아닐까. 아무튼 엉뚱하게 질투를 받은 에피소드였다.

내가 가진 여러 개의 앞치마 중 가장 애당기는* 것은 그 남자에게 받은 것이다. 좋아하는 색깔인 보랏빛 꽃무늬와 자주색 레이스가 달린 화사한 느낌이다.

오늘은 어떤 것을 두를까. 베란다에도 집 앞에도 봄꽃들이 만발했으니 라일락 꽃무늬로 해야겠다. 음악을 틀고 콧노래를 부르며 집안일을 시작한다. 쇼핑할 때 예쁜 앞치마가 눈에 띄면 자꾸 사고 싶어진다. 주방에서 요리하는 것을 좋아하는 것도 아니고 살림을 잘하는 살림왕도 아니면서 왜 좋아하는 것인지 모르겠다.

지금 갖고 있는 것들은 주로 화사한 디자인으로 핫핑크처럼 강렬한 색상도 있고 여름용은 시원한 옷감, 겨울용은 도톰한 소재까지 일

---

* 애당기다: 마음에 끌리다.

곱 개가 있다. 그날의 날씨나 기분에 맞춰 사용한다. 매일 반복되는 지루한 집안일을 조금은 색다른 기분으로 해내기 위해서 삼십 개쯤 가져도 성에 차지 않을 듯하다. 그 외에 솜씨 좋은 시누이가 만들어 준 것도 있고 지인이 만들어 준 것도 각각 개성 있어 좋아한다.

아이들 셋을 키우면서, 다 커서 육아에서 벗어났을 때도 늘 앞치마를 두른 전업주부로 사는 것이 싫었다. 살림을 아무리 잘해도 인정받지 못할 뿐만 아니라 성취감도 없었기에 나만의 일을 갖고 싶었다. 아이들에게 능력 있는 엄마로서의 다른 모습을 보이고 싶었다. 그나마 있었던 경력이 단절된 지 오래인 내가 할 수 있는 일이 별로 없었고 여건도 따라주지 않았다.

남편은 어렸을 때 부모님이 가게 하느라 바빴던 것이 싫었다고 아이들 잘 키우고 부모님 잘 모시기만을 바랐다. 외국으로 출장을 자주 다니며 전문적인 일을 하는 동생과 회사에 다니는 친구들이 마냥 부러웠다. 대신 딸들이 커서 멋진 커리어우먼이 되길 바랐으나 큰딸은 결혼해서 전업주부로 사는 것을 만족해한다. 요즘은 회사에서 유능함을 인정받고 있는 막내딸에게 대리만족하고 있다.

언젠가 막내딸이 아빠 엄마는 만약에 스무 살로 다시 돌아갈 수 있다면 어떤 일을 하고 싶은지 물었다. 남편은 주저 없이 사진작가가 되겠다고 대답했지만 막상 나는 글 쓰는 작가라고 하지 못했다. 다시 태어나도 전업 작가가 될 만큼의 자신은 없다.

가보지 않은 길에 대하여 가끔은 미련이 남아 만약에 그때 그랬더라면 하는 생각이 들기도 한다. 하지만 그 길을 갔다고 더 행복하거나 후회하지 않으리라는 보장은 없을 것이다. 돌이켜 보면 주어진 환경에서 나름대로 열심히 살아왔기에 지금은 만족하며 살아가고 있는 것이 아닐까.

    이런 내게 앞치마는 애증의 물건이다. 요즘 TV를 보다 보면 다양한 모양의 앞치마가 나온다. 남녀를 막론하고 연예인들이 입고 나오면 더 특별하고 멋지게 보이지 않던가. 잘생긴 남자가 허리앞치마를 하고 요리하는 모습은 스위트하고 섹시해 보인다.

    내가 사 준 허리앞치마를 한 채 주방에서 바쁘게 요리하는 내 남자를 흐뭇한 마음으로 바라보는 상상을 해본다. 요리하는 남자가 제일 멋져. 그의 등 뒤에서 속삭인다.

    남편을 변신시켜 혹여나 뭇 여자들의 질투 좀 받아볼까.

힘을 빼다

사방이 거울이었다. 대부분 딱 달라붙는 운동복을 입었기에 몸매가 적나라하게 드러났다. 필라테스는 처음 하는 운동이라 위축된 마음으로 사람들 틈에서 자꾸만 뒤로 숨고 싶었다. 평소에 나 정도면 날씬한 편이라고 생각했는데 거울로 둘러싸인 곳에서 객관적으로 내 몸을 바라보니 충격적이었다. 볼륨감이 있어야 할 곳은 밋밋하고 나오지 말아야 할 곳은 나와 있었다.

완벽해 보이는 저 여자는 여기 왜 왔을까. S라인의 예쁜 몸을 뽐내러 온 것만 같았다. 밖에 나가면 쏟아지는 남자들의 시선을 느끼며 사는 것은 어떤 기분일까. 같은 여자지만 부러워서 탄탄해 보이는 몸매를 자꾸 흘끔흘끔 쳐다보게 되었다. '너도 시집가서 애 둘 낳아봐. 금세 펑퍼짐해질걸' 그런 생각도 위안이 되지 않았다. 다음 생에는 부디 몸매 좋은 여자로 태어날지어다.

동작을 잘 따라 할 수 있을지 자신감 없는 내게, 허리도 없고 거북목에 어깨가 굽었다는 강사의 말이 충격적이었다. 허리가 분명 있는데 없다니 무슨 말인가. 허리와 골반의 경계가 분명하게 잘록한 부분이 있어야 한다는 것을 나중에야 이해했다. 내 몸인데 정작 주인인 내가 모르고 있었다. 맨날 누워서 뒹굴뒹굴 책이나 읽으며 육체적인 에너지를 잘 쓰지 않았으니 당연한 일이었다. 몸과 마음의 균형을 맞춰 살기란 어려운 일임을 깨닫는다. 열심히 하다 보면 과연 나아질 수 있을까. 그 길은 요원해 보였다.

함께 운동하는 여자들은 십 대부터 많게는 오십 대까지 연령대가 골고루 있었고 삼사십 대가 제일 많았다. 필라테스는 동양의 요가와 선(禪), 고대 로마 및 그리스에서 행해지던 양생법 등을 접목해 만든 것이라고 한다. 요가는 좀 더 정적인 편이라 심심할 것 같고 과격한 동작의 운동을 좋아하지 않는 나에게는 필라테스가 잘 맞을 것 같았다.

건강한 몸만들기는 내 몸에 대해 정확하게 아는 것에서 출발한다. 인지를 하고 나서 잘 몰랐던 일상생활에서의 잘못된 자세나 습관을 고치게 되었다. 저녁마다 오늘 하루만 쉴까 하는 유혹에 시달렸지만 뿌리치고 체육관에 나갔다. 숨이 턱에 다다를 만큼 가빠오면 얼마나 지났는지 시계를 자꾸 쳐다보게 되었다. 50분의 시간이 이처럼 길었단 말인가, 야속하리만치 시간은 더디게 흘러갔다. 또한 갈비뼈 양옆과 등 뒤로 숨을 마시고 내쉬는 흉과 초흡이 중요하다는데 호흡에 신경 쓰다 보면 동작을 놓치기 일쑤였다.

원래 나는 지독한 몸치다. 빠른 동작도 잘못 따라 하고 버벅대서 주변 사람들이 볼까 봐 창피했다. 운동하고 나면 그다음 날은 여기저기가 아팠다. 운동하러 갈 때마다 숙제 한번 끝냈다는 심정으로 출석 도장을 찍었다. 강사는 내 어깨가 잔뜩 굳어 올라가 있다고 했다. 의식하지 못하고 살았는데 다른 사람들과 비교해 보고서야 어깨가 부자연스럽게 올라갔음을 알 수 있었다.

힘을 빼서 내리라고 했지만 잘되지 않았다. 늘 긴장하고 살았던 적이 많아서일까. 무엇 때문에 언제부터였는지 뚜렷한 이유는 모르겠다. 여러모로 사는 것이 힘들었던 예전에 비해 요즘은 매사 편안한데도 습관처럼 굳어진 것이다. 동작을 따라 할 때 배에 힘이 안 가고 엉뚱하게 자꾸 어깨에 힘이 들어갔다. 평소에 어깨가 늘 아픈 것이 이 때문이었다. 쓸데없는 승모근이 발달한다고 강사에게 종종 지적을 받지만 생각처럼 몸이 움직여 주지 않았다.

어디 어깨뿐인가. 젊은 날에는 힘이 넘쳐 별것 아닌 일에 감정싸움을 많이 했으나 이제는 조금 나아졌다. 인간관계 속에서 좀 더 괜찮은 사람처럼 보이려고 애쓰는 것도 힘이 들어간 것이요, 얼굴 표정도 힘을 빼야 부드러운 인상을 심어줄 것이다.

나에게 필라테스는 손으로 글쓰기만 하다가 이제 뭔가를 몸에 새겨 써 나가는 것이라고 생각한다. 살살 몸을 길들이는 중이다. 바쁘고 경직되게 힘주고 살던 시간을 찬찬히 돌아보며 조금씩 몸과 마음의 힘을 빼는 연습을 하고 있다. 자연스러운 흐름에 몸을 맡기며 집중해 보련다.

영감을 부르는 술

우리 부부는 술을 좋아한다. 특별히 주종을 가리지 않는 편이다. 술을 한창 마셨던 사십 대 때는 눈에 띄는 것들을 모조리 담가 마시는 것이 취미가 되어버릴 정도였다. 여러 가지 과실주는 기본이고 영지버섯, 천마, 탱자, 삼지구엽초, 산 더덕 등도 있었다.

결혼 생활 하면서 숱한 고통의 시간들을 이길 수 있었던 것은 단언컨대 알코올의 힘이 한몫했다. 연애 시절 그는 내게 처음으로 술을 가르쳐 준 남자다. 결혼해서는 밖에서 마시기보다 반주로 나와 함께 마시는 것을 좋아하는 걸 보면 천생연분인 것 같다.

우리는 여행을 특히 좋아한다. 계획 짜는 것을 싫어하는 나와 달리 그는 매우 꼼꼼하게 잘 짠다. 한적하고 개성 있는 둘레길 걷기, 멋진 카페에서 커피 마시기, 미술관 가서 전시회 보는 것도 빠지지 않는다. 나는 책과 글쓰기를 좋아하고 그는 카메라와 사진을 좋아한다. 그러다 보니 술 마시는 것만큼이나 예술적인 면으로 대화가 잘 통하는 편이다.

단풍이 물들어 가는 이즈음은 사계절 중 사진 찍기 가장 좋은 계절이다. 우리는 어두컴컴한 새벽길을 떠났다. 오전 사진을 찍고 둘레길을 걷다가 도착한 곳은 대청댐 근처였다. 갈바람에 떡갈나무 잎이 서서히 호수 위로 떨어지고 있었다. 사방은 고요하고 사그락거리는 낙엽 소리뿐. 평온한 자연 속에서는 시간이 느리게 흐른다.

나는 와인 잔을 높이 들어 반짝이는 호수의 눈동자에 건배했다. 내리쬐는 햇살이 와인 잔에 부딪히며 눈부시게 화답해 주었다. 일상생활 속 간간이 마시는 술도 좋지만 여행지에서 술을 마시는 순간이 더 행복한 시간으로 다가온다. 아름다운 풍경을 음미할 때 술이 없으면 심심하고 허전하기까지 하다.

여행은 함께 떠나왔지만 우리는 각자의 방식대로 즐긴다. 그가 렌즈를 고르고 삼각대를 설치하고 구도를 위해 고민하거나 부드러운 빛을 기다릴 때, 나는 적당한 곳에 접이의자를 펼치고 앉아 책을 읽는다. 때로는 음악을 들으며 글을 쓰기도 하고 주변을 산책하기도 한다.

남편은 저만치서 사진을 찍고 있다. 피사체에 몰입하는 그를 바라보면 평소의 모습과 다르게 자신만의 세계에 빠져 진중한 모습이다. 진지한 표정으로 셔터를 누르는 그에게서 사진작가의 분위기가 느껴진다고 할까. 그의 예민하고 까다로운 성격도 예술가의 기질이라고 여기면 한결 너그럽게 이해가 된다.

낮술의 몽롱하고 달콤한 취기 속에 장난기가 발동했다. 그의 뒤로 살금살금 다가가 삼각대를 흔들었다. 흔들린 사진이 더 멋지게 나올걸.

사진 그만 찍고 술이나 마십시다. 어이없는 표정을 짓다가 이내 그는 웃으며 술잔을 들고 왔다.

주말에는 안주를 준비하는 것이 당연한 일이 되었다. 퇴근해서 돌아온 그의 표정만 봐도 술이 필요한지 알아볼 수 있다. 그에게 술 한잔하자고 먼저 말을 꺼내는 날은 내가 스트레스를 받은 날이다. 어떤 이유이든 술 한 잔으로 걱정이나 시름을 달랠 수 있으니 얼마나 다행인가. 때로는 미울 때도 있지만 술이 몸속으로 스며들 듯 서로가 서로에게 스며든 지 35년, 이제 우리는 가장 가까운 술친구다.

원고 마감을 앞두고 컴퓨터 앞에서 글이 잘 써지지 않아 머리를 쥐어뜯고 있는 내게 그가 다가와 말한다.

"맥주 한잔해. 혹시 알아, 술이 영감을 떠오르게 할지. 글이 잘 써질 수도 있어."

나는 그의 유혹에 넘어가 맥주잔을 부딪친다.

4부

깃들이다

'깃들이다'는 '새가 보금자리를 만들어 그 속에 들어 산다'는 뜻이다. 또는 '사람이나 건물 따위가 어디에 살거나 그곳에 자리 잡다'라는 의미로도 쓰인다. 새가 본능적으로 안온한 곳을 찾아 둥지를 만들듯이 사람 역시 아늑하고 편안한 공간을 찾고 싶은 마음이 있다.

사람마다 깃들이고 싶은 곳은 다르지 않을까. 작고 불편하더라도 현재 살고 있는 집에서 안정감을 느끼는 사람도 있고 시골에 있는 고향집을 떠올리는 사람도 있을 수 있다. 불안정한 오늘을 살아가는 우리들에게 머무는 집 말고도 안락함을 안겨주는 장소가 많이 있으면 좋겠다. 그곳이 꼭 나의 소유가 아니라도 좋다. 삶이 때로 힘들 때 편안해지기 위해 가장 먼저 어디를 찾아가는가 질문을 던져본다.

도서관은 내게 그러한 공간 중의 하나다. 책이 가득 꽂혀 있는 서고에 들어서면 책 냄새부터 나를 반기는 듯하다. 읽고 싶은 책을 고르고 햇빛 잘 드는 창가 자리에서 책을 읽는 동안은 현재 속한 세상을 떠나 새로운 세계로 빠져드는 시간이다. 도서관에서 돌아오는 길은 무겁던 마음이 사라지고 다시 살아갈 힘을 얻곤 한다.

일상을 떠나 깃들이고 싶은 곳은 전남 신안에 있는 기점 소악도이다. 네 개의 작은 섬이 노둣길로, 하나로 연결되는 섬으로 고요하고 푸근한 곳이다. 밀물 때는 바닷속에 잠겼다가 썰물 때 드러나는 노둣길은 마치 섬과 사람이 서로를 기다리는 듯한 애틋함을 담고 있는 듯했다.

섬 곳곳에 순례길을 따라 건축미술 작품으로 만들어진 작은 예배당 열두 곳이 있다. 여러 나라의 작가들이 만든 건축물은 특정 종교를 떠나 누구나 와서 기도하고 사색하며 편히 쉴 수 있는 공간으로서 의미가 있다.

처음 갔을 때는 그 순례길이 채 완성되기 전에 갔다. 부둣가에서 내린 여남은 사람 말고는 섬을 걷는 내내 마주치는 사람이 없어 무인도처럼 한적했다. 초겨울임에도 불구하고 봄처럼 햇살이 따스했고 대숲의 바람이 사각사각 일렁였다. 새들의 재잘거림을 들으며 물이 빠진 노둣길을 건너 천천히 걸어 다녔다. 무심히 걷다가 만나는 작은 예배당은 외관도 예쁘지만 내부의 작은 공간은 지친 영혼을 아늑하게 품어주었다. 저마다 개성 있게 꾸며져 있어 다양한 건축물을 감상하는 기분도 들었다.

그중에서도 가장 좋았던 것은 바닷가에 앉아서 간단히 점심을 먹을 때였다. 흰 구름이 떠다니는 하늘과 맞닿은 바다에 작은 섬들이 점점이 자리한 풍경이 고즈넉했다. 고깃배가 통통거리며 지나가고 바위에 와 닿는 잔잔한 물소리, 갈매기 울음이 전부였다. 하염없이 바다를 바라보는 동안 마음이 물빛처럼 투명해지는 듯했다.

    진정한 섬은 이런 것이 아닐까. 어쩌면 우리는 삶 속에서 황홀하고 때로 몽환적인 비경을 찾는 데 몰두해 있는 듯하다. 삶은 그저 흘러갈 뿐 대답을 주지 않지만 기점 소악도는 넉넉한 가슴으로 나의 마음을 어루만져 주었다. 달콤한 고요함에 잠겨 한동안 일어날 수 없었다.

    삶에 때로 지쳐 있을 때 나는 그 섬에 깃들이러 떠난다.

씩씩한 캔디

아침부터 베란다 밖에서 날카로운 굉음이 들려왔다. 재빨리 나가 보았더니 관리실 직원이 예초기로 화단의 풀을 베고 있었다. 친정에서 캐다가 화단에 심어 놓은 섬초롱꽃은 벌써 흔적도 없이 잘려버렸다. 나는 크게 외쳤다.

"장미가 있으니 조심하세요."

"이거 말하는 건가요?"

하며 그가 예초기를 들이댔을 때는 그만 장미 가지 하나가 댕강 잘려 나가고 만 뒤였다. 너무 속상했지만 그는 일일이 신경 쓸 수 없다며 아무 일도 아니라는 듯 무심하게 말했다. 그나마 장미가 몽땅 잘리지 않은 것만도 다행이라고 생각해야 할 지경이었다.

그동안 섬초롱꽃과 장미를 애면글면 보살펴 왔는데 화초와 잡초도 구분 못 하는 직원이 야속하기만 하다. 등하굣길에도 아이들이 화단 안으로 장난치며 드나드는 소리가 들리면 키가 작은 화초들이 행여 밟힐까 나서서 지켜보고는 했었다.

아파트 일 층에 사는 덕분에 베란다에서 키우던 미니 장미를 집 앞 화단에 옮겨 심었다. 한 달 전쯤이었다. 붉은 장미 여섯 송이가 곱게 피었던 미니 장미에 진딧물이 생겼다. 다른 화초에 옮으면 큰일이다 싶어 시든 꽃대를 잘라주고 베란다 앞쪽으로 잘 보이는 화단에 심어주었다. 군데군데 빈 곳이 있어 관리실에서 새로운 나무나 꽃을 심어주면 좋으련만 그대로 방치된 지 오래였다. 허전하던 화단에 야생화도 구해다 심어놓았던 것인데 예초기로 쓸어버리니 허탈할 수밖에.

나는 미니 장미에게 캔디라는 이름을 붙여주었다. 씩씩한 만화 주인공 캔디처럼 어디에서든 잘 자라라는 의미에서다. 캔디를 화단에 옮겨 심고 나서 주변의 풀을 뽑아주었다. 갑작스레 바뀐 환경에 잘 적응하길 바랄 뿐이었다. 캔디가 화단에서 자라다 보니 주변에 있는 풀과 나무들을 더 유심히 살펴보게 되었다.

잡초라 여기지만 어린 시절 흔히 보던 파란 달개비꽃도 있고 질경이, 강아지풀, 고들빼기, 망초, 심지어 들깨까지 자라고 있었다. 나팔꽃이나 환삼덩굴이 나무를 타고 오르는 등 주어진 조건에서 식물도 다양한 종들과 함께 치열하게 살아가고 있었다.

키가 큰 철쭉 군락 사이에 끼여 자라고 있는 작은 단풍나무가 눈에 띄었다. 어디서 씨앗이 날아왔던 것일까. 하필이면 무리 지어 자라는 철쭉의 틈바구니에서 자라느라 햇빛 보기가 힘들었을 것이다. 용케 철쭉 키만큼 자랐으니 앞으로는 단풍나무가 더 쑥쑥 자랄 것 같다. 반대로 단풍나무 그늘이 철쭉에게 드리워질 터이다. 새옹지마라는 말이 그들에게도 적용되는 것이 아닐까. 좁은 화단 안에서도 어김없이 자연의 질서, 순환이 이루어지고 있음이 경이로웠다.

집 안에서 편안한 보살핌을 받는 화초들에 비해서 바깥세상에 적응하느라 애쓰는 캔디를 향해 하루에도 몇 번씩 격려의 눈길을 보내게 되었다. 쏟아지는 폭우를 맞는가 하면 강렬한 햇볕이 따가워 잎이 타들어 가는 것쯤의 고통은 아무것도 아니었다. 새시 공사를 하는 인부들의 발길에 줄기가 꺾이기도 했고 예초기의 칼날에 잘리기도 했으니 말이다.

어느 날, 캔디 주변에 풀을 뽑아주려고 나갔다가 나도 모르게 탄성을 지르고 말았다. 모진 수난을 당하며 과연 살 수 있을까 싶었던 캔디가 작은 꽃봉오리 하나를 맺은 것이었다. 진딧물도 없어졌고 새순이 여기저기 돋아나고 있었다. 괴로워도 슬퍼도 나는 안 울어, 만화의 주제가 가사처럼 이름값을 하는 기특한 아이다. 이젠 걱정하지 않아도 잘 자랄 것 같다. 화분 속에 화초가 아닌 자연에서의 삶이 캔디를 더욱 강건하게 만들었나 보다.

사람이나 식물이나 꽃을 피우기 위해 반드시 감내해야 하는 시간이 있기 마련 아닐까. 초록의 식물을 바라보며 매일 조금씩 마음이 여유로워진다.

속도를 지우고 고요를 담다

아무리 살펴봐도 내 또래는 보이지 않았다. 중년은 나 하나인가 보다. 같이 간 막내딸 같은 청춘들만 보였다. 딸과 같이 가지 않았다면 도로 나오고 싶었다. 게스트하우스에는 처음 와봤는데 이렇게 젊은이들만 많을 줄은 미처 예상하지 못했다.

방에 짐을 풀고 거실로 나왔다. 내가 그들을 방해하는 것만 같고 눈치가 보여 구석에 앉아 책을 꺼내 들었다. 책의 내용은 전혀 눈에 들어오지 않았다. 슬금슬금 곁눈질로 그들을 살펴보았다. 카드게임을 하고 있는 무리들이 한 팀 있고, 각자 노트북을 쓰고 있는 세 명의 남녀가 있었다. 관찰해 보니 그들은 나를 신경 쓰지도 않았다. 괜히 눈치를 본 것이다. 그렇다 해도 혼자 이방인인 느낌은 좀처럼 사라지지 않았다.

밤이 깊어가며 사람들이 방으로 들어가고 딸과 둘만 남겨졌다. 그제야 불편해서 못 느꼈던 것들이 하나둘씩 눈에 들어왔다. 커다란 창문은 밤바다를 그려놓은 액자 같았다. 파도 소리와 함께 흰 거품이 밀려왔다 사라지는 그림. 벽면마다 책장에는 책이 가득했다. 작은 스탠드만 켜놓고 고즈넉한 분위기에서 우리는 책을 읽었다. 더없이 편안하고 충만했다.

둘째 날 올레길을 천천히 걸었다. 바닷가에서는 바위에 붙은 작은 소라와 고둥 잡는 재미에 시간 가는 줄 몰랐다. 노을 지는 바다를 바라보며 발을 담근 채 우리는 서로의 속 깊은 이야기를 나눴다. 이제 막 스물이 된 딸의 불확실한 미래에 대한 두려움과 고민을 들었다. 하릴없이 단지 들어주고 격려할 뿐이었다. 인생을 훨씬 많이 살았어도 조언을 하지 못했다. 내가 젊었을 때와 지금 상황이 전혀 다르지 않은가.

두 번째 게스트하우스는 비자림 근처였다. 조용한 시골 마을에 단독 주택인데 본채는 숙소이고 마당을 돌아 별채로 가면 거실이 나온다. 벽마다 책장이 빼곡하고 주방이 아기자기하게 꾸며져 있는데 여자들만 묵는 곳이었다. 여기도 모두 청춘들이었다.

어제는 눈치를 많이 봤지만 여자끼리여서인지, 아니면 겪어봤다고 조금 나아졌다. 혼자 여행 중이라는 어떤 여자가 모녀지간에 여행하는 모습이 보기 좋다며 말을 건네 왔다. 딸과의 여행도 좋지만 나도 혼자만의 여행을 해보고 싶다. 언젠가는 용기 내어 꼭 도전해 볼 생각이다.

푹신하고 안락한 쿠션에 자리를 잡고 책을 읽었다. 고즈넉한 분위기 속에서 책에 빠져들 수 있었다. 여행지에서의 독서는 집과는 전혀 다른 낭만적인 쉼이다. 그 온전한 쉼은 바쁘게만 살아온 우리에게 속도를 지우고 고요를 담는 여백의 시간이었다.

다음 날 아침, 토스트와 스프, 커피 등으로 간단히 아침을 먹었다. 주인은 젊은 남자인데 이곳을 운영하면서 지친 듯 표정이 어두웠다. 식사 시간에 조금 늦은 손님에게 짜증을 냈다. 아름다운 풍경 속에 자리한 예쁜 집이 좋아 보였지만 그곳이 일터라면 스트레스와 힘든 일의 연속일 수도 있겠다.

세 번째 날은 비가 내렸다. 우비를 입고 올레길을 걸었는데 비를 맞으며 걷는 산길도 나름 운치 있었다. 길 양쪽에 지천이던 새콤달콤한 산딸기를 따 먹기도 하고 숲 근처에서 버스를 기다리다가 커다란 더덕을 세 개나 캤다. 빗줄기가 거세져 조금 일찍 숙소로 향했다.

온통 흰색인 가구와 인테리어가 깔끔한 곳이었다. 이층침대가 튼튼하고 침구도 고급스러워 한층 기분이 산뜻했다. 우리가 이른 시간에 도착해서인지 아직 숙소에는 아무도 없었다. 탁자 위에 놓인 방명록을 뒤적여 보았다. 주로 외국인들이 많이 다녀갔다. 영어, 일어, 중국어 등으로 쓰인 글은 의미를 해석할 수 있는 것도 있었다. 제주도 여행이 좋았고 주인이 친절해서 다시 이곳에 오게 된다면 여기 묵고 싶다는 내용이었다.

이 공간은 멀리서 온 이방인들이 잠깐씩 머물다 가는 곳이며 나 역시 잠깐 지나쳐 가는 곳이다. 낯선 곳에서는 조금 더 객관적으로 나를 되돌아볼 수 있다.

내 마음의 울림을 느끼고 세상을 실감하는 일에 주저할 이유는 없다. 감동은 커다란 대상에 있는 것보다는 아주 사소한 풍경을 보고도 느낄 수 있는 것이리라. 마르셀 푸르스트는 진정 무엇인가를 발견하는 여행은 새로운 풍경을 보는 것이 아니라 새로운 눈을 가지는 데 있다고 말했다.

    나는 지금도 다음 여행을 준비하고 있다.

아람치

공원을 산책했다. 바쁜 일상을 보내다가 천천히 느리게 걷는다. 새삼스레 나무 한 그루, 풀 한 포기도 유심히 바라보게 된다. 벚나무의 군데군데 노랗고 붉게 물들어 가는 잎새가 가을의 시작을 알려주는 듯하다. 집에서 가까운 이곳은 원래 있었던 숲의 나무들을 베지 않고 산책길이나 주변만 다듬어 만든 곳이라 자연스러움을 최대한 살린 점이 좋다.

혼자만의 시간도 좋지만 누군가와 같이 이 길을 걷는다면 발걸음이 더 가벼울 것 같다. 나무들은 두어 달만 있으면 혹독한 추위가 다가올 텐데 의연히 서 있다. 그들도 외로움을 탈까. 의외로 그들은 사회적 존재라고 한다.

고개를 들어 나무의 꼭대기를 쳐다보면 평범한 나무들은 가지를 키가 같은 이웃 나무의 가지 끝과 맞닿은 곳까지만 뻗는 것을 볼 수 있다. 상대가 있는 쪽으로는 너무 튼실한 가지를 만들지 않는다. 사람들은 자기보다 약한 상대를 누르고 혼자 우뚝 서려는 욕심을 부리는데 말이다. 흔히 나무를 너무 가까이 심어놓으면 서로서로 빛과 물을 앗아가서 모두가 제대로 자라지 못할 것이라고 생각한다. 다른 종의 나무라면 몰라도 같은 종의 나무라면 상황이 달라진다.

너도밤나무들을 예로 든다면 서 있는 자리가 달라 성장 조건이 달라도 지하에서 뿌리를 통해 수분과 영양분의 원활한 분배를 돕는다. 그래서 너무 빽빽한 거리란 없이 오히려 다닥다닥 붙은 사이가 더 바람직한 조건이다. 우리도 삶 속에서 어려운 고비마다 도움을 주는 존재들로 인하여 또다시 힘을 내게 되지 않던가. 경쟁자라고 생각되는 나무들을 뽑아버리면 남은 나무들은 순식간에 외톨이가 되어 가뭄이 드는 악조건일 때 도움의 손길을 받지 못한다.

나무 한 그루는 숲이 아니기에 비와 바람에 대책 없이 휘둘려야 한다. 하지만 함께하면 많은 나무가 모여 더위와 추위를 막으며 상당량의 물을 저장할 수 있고 유지하여 안전하게 오래오래 살 수 있다. 나무나 사람이나 서로 돕지 않으면 살기 힘든 것이며 자연의 일부이기에 삶의 방식은 비슷한 면이 있다.

사람과 사람은 각각의 '사이'가 있다. 상대가 누구냐에 따라 좁히기도 하고 멀리 떨어지기도 한다. 그렇지만 좋다고 해서 밀착해도 부작용이 생기고, 다 싫다고 멀어져도 힘든 것이 관계의 어려움이다. 너무 가까워져 속속들이 다 알게 되면서 부정적인 일을 겪고 멀어지게 되는 경우를 종종 보았다. 적당한 거리를 두는 것이 현명함을 절감한다.

사람 사이를 어떻게 유지하느냐에 따라 큰 숲을 이루는 조화로운 나무가 되기도 하고, 저만 아는 외톨이 나무로 홀로 서 있을 수도 있다. 내 주변에는 든든한 나무들이 있다. 그중에 가장 가까이에 있는 나무는 남편이다. 우리는 서로의 아람치*다. 그를 찬찬히 생각해 보면 한결같이 버팀목 역할을 해주는 푸른 소나무를 닮은 듯하다. 그와 나 사이의 거리는 얼마쯤 될까. 함께한 시간만큼 서로에 대해 잘 아는 것 같아도 이해되지 않을 때가 가끔 있다. 앞으로도 계속 바라보고 서로 지켜주어야 하는 나무다.

최근 TV에서 세계 곳곳의 중년 부부들의 사는 모습을 다룬 다큐를 보게 되었다. 그중 한 부부가 사랑의 지속을 위해 계속 노력하는 것이 마음에 와닿았다. 대부분 사랑의 시작에는 관심이 있으나 사랑의 지속에는 관심이 없다. 뜨겁게 사랑하던 감정은 이내 식어가기 마련이다.

남편은 기타, 드럼 등 악기를 연주하고 노래하는 것을 좋아하는 사람이고 부인은 글을 쓰는 작가였다. 좋아하는 취향이 다르기에 평일에는 각자 떨어져 자유로이 살고 주말에 만나 같이 지낸다. 서로를 신뢰하고 존중하는데, 특이한 것은 해마다 무얼 좋아하는지 관심거리를 잡지에서 오려 붙인 드림 콜라주 액자를 만들어 자신의 방에 설어놓았다. 그 액자를 보면 상대방이 현재 무엇에 관심을 가지고 좋아하는지를 잘 알 수 있는 것이라 서로를 이해하는 데 큰 도움이 된다고 한다. 나도 남편과 함께 만들어 보고 싶다는 생각이 들었다.

---

* 아람치: 자기의 차지가 된 것

나무는 나이를 먹어도 더욱 멋지게 변모한다. 우리의 시간도 그렇게 고요히 깊어가기를 바란다.

물레를 돌리며

　물레가 천천히 돌아가고 있었다. 양손의 엄지손가락을 맞대어 흙의 정중앙에서부터 아래쪽으로 힘을 주었다. 촉촉한 흙의 촉감이 부드러웠다. 구멍이 서서히 뚫리기 시작했다. 기다란 꽃병을 만들기 위해서 천천히 중심의 아래쪽으로 깊이를 더해 나갔다. 생각했던 것보다는 다행히 떨리지 않았으나 조심스러웠다.

　그는 잘하고 있다고 격려해 주었다. 처음 시작은 그런대로 괜찮았는데 바깥으로 흙의 두께를 얇게 만들어 나가는 것이 어려웠다. 설명을 듣긴 했어도 손가락의 힘을 어느 정도 주어야 하는지 감이 오지 않았다. 옆에서 그가 도와주었다. 그의 손가락은 가늘고 길었다. 손놀림이 지극히 섬세했다. 초보인 나는 힘을 균형 있게 쓰지 못해 걸핏하면 형태가 바뀌었다. 그는 틀어진 형태를 복구해 주고 내 손가락을 잡아주며 이끌어 주었다.

딸과 함께 도자기 공방의 원데이 클래스 수업에 참여하게 되었다. 그 공방은 도예를 전공한 딸의 친구와 남자 친구가 함께 차린 곳이었다. 예전부터 도자기를 배우고 싶어 눈에 걸었던* 터라 딸의 제안에 흔쾌히 함께했다. 미리 어떤 것을 만들지 디자인을 생각해 두라고 했을 때부터 설레기 시작했다. 고심한 끝에 심플한 모양의 꽃병을 만들기로 했다. 공방은 아담했고 주인들의 작품과 배우고 있는 사람들의 서툴지만 개성 있는 작품들을 구경하는 재미가 있었다.

물레 위에서 처음에는 한 덩어리의 흙이었던 것이 조금씩 스케치한 꽃병 모양에 가까워지고 있었다. 문득 이런 생각이 들었다. 중심을 잘 뚫고 그 중심 안에서 영역을 서서히 확장해 나간다는 것은 삶의 모습과 일맥상통하는 것 아닌가. 여러 가지 면에서 중심을 잘 잡는다는 것이 중요한 것처럼 말이다. 무엇인가를 창작한다는 것은 글쓰기와는 또 다른 매력으로 다가왔다. 더구나 눈앞에 확연한 결과물을 볼 수 있다는 점에서 성취감을 안겨준다.

옆의 물레에서 컵을 만들고 있던 딸은 숨도 잘 못 쉬겠다며 참았던 숨을 웃음으로 터뜨렸다. 나 또한 호흡을 참게 되고 신중하게 손가락을 움직였다. 조급해하면 절대 안 되는 일이었다. 언제부턴가 매사 일 처리를 빨리 해야 한다는 조급증이 생겼다.

나는 차분한 듯하면서도 덜렁대는 면이 있다. 대체로 손재주를 요

---

* 눈에 걸다: 관심을 두어 눈여겨보다.

하는 일은 잘하지 못하는 편이다. 게다가 다한증으로 손에 땀이 많다 보니 새로운 일의 도전에 있어 늘 자신이 없다. 그런데 물레를 돌리며 도자기를 만지는 것은 손에 물이 마르면 안 되는 일이다. 옆에 물그릇을 두고 자주 손을 적시면서 해야 하니 편하게 할 수 있었다.

일상 속 복잡한 생각을 잊고 오로지 손끝에 집중하여 세심하게 빚어내는 일에 집중했다. 내 손이지만 말을 듣지 않아 로봇의 손가락을 서툴게 조종하는 듯하다고 할까. 어느 순간 손아귀가 아파왔다. 손가락의 힘을 풀고 다시 시도해 보았다. 운동을 하든 도자기를 만드는 것이든 경직된 몸에서 힘을 적절히 빼준다는 것이 중요함을 새삼 느꼈다. 손놀림에 의해서 물레 위 흙의 형태는 쉽게 망가지기도 했지만 말랑말랑하기 때문에 금세 원하는 모양으로 고칠 수 있었다.

완성된 꽃병에 물감을 흩뿌리는 방법으로 색을 입혔다. 빨강과 청록색 두 가지를 뿌렸는데 가마에서 구워지면 색이 달라진다. 한 번의 체험으로 끝내기에는 아쉬워 정규 과정에 등록하기로 했다. 이번에는 물레가 아닌 손으로 빚는 핸드빌딩에 도전해 보련다.

1,200도가 넘는 가마의 열기를 견뎌내고 자신을 변화시킴으로써 새로운 모습으로 다시 태어나는 도자기의 변신을 기대해 본다.

빛바랜 작업복

푸른색이던 작업복은 빛이 바래고 군데군데 누렇게 변했다. 생전에 아버지가 입던 옷이었다. 남편은 감자 심을 땅을 파놓기 위해 그 옷으로 갈아입고 나왔다. 아버지가 몇 년 입었었고 돌아가신 지 이십오 년이 지났으니 삼십 년 가까이 된 옷이다. 무릎이 좀 튀어나오고 옷감이 나달나달해진 부분도 있다. 아버지가 입었던 옷들이나 유품은 모두 정리했던 것 같다. 다만 그 옷만큼은 전부터 남편이 농사일 도울 때 빌려 입었었기에 남겨두었나 보다. 남편은 어느새 돌아가실 즈음의 아버지 나이가 되었다.

그는 감자밭의 땅을 파고 있다. 체격이 비슷해서 작업복을 입혀놓으니 뒷모습이 영락없이 아버지다. 논에 물꼬를 보러 갈 때나 밭에서 일할 때 아버지는 늘 푸른색 작업복을 입었다. 그 옷을 입고 모자를 쓰고 일하던 모습이 지금도 생생하게 떠오른다.

아버지는 모자 쓰는 것을 좋아했는데 그때는 왜 번듯한 모자 하나 사드릴 생각을 못 했을까. 좋은 모자는 한 개도 없었다. 새마을운동 로고가 박힌 것, 종묘상에서 준 홍보용 모자, 장터에서 산 싸구려 모자 몇 개가 전부였다. 그나마 그것들은 온데간데없고 남아 있는 유품이라고는 푸른색 작업복뿐이다. 평생 일만 하다 돌아가신 사람답게 달랑 작업복 한 벌이 나를 추억 속으로 데려간다.

초등학교 4학년 때 도시에서 살던 우리 가족은 아버지의 고향으로 내려왔다. 적은 농사에 식구는 많았고 수입이 별로 없었으니 가장으로서 부담이 컸을 것이다. 게다가 어린 아들을 병으로 잃고 간절히 아들을 바랐으나 줄줄이 딸만 태어났다. 마음이 약한 아버지는 실의에 빠져 술을 좋아하기 시작했다.

그때 마침 땅을 절반쯤 파놓고 들락날락하던 남편이 새참을 찾았다. 나는 막걸리와 파전을 준비했다. 아버지도 일하다 중간에 막걸리를 즐겨 마셨다. 그에게 술을 따라주었다. 술을 잘 마시던 아버지의 사위답게 그도 술을 좋아한다. 초면에 아버지와 술 대작을 잘해서 금세 점수를 땄다. 그는 막걸리를 한 사발 들이켜고 나서 "시원하다. 막걸리가 최고야. 술이 한잔 들어가야 힘이 나지." 했다.

어릴 때는 아버지가 술 마시는 것이 싫었다. 아버지는 아침부터 저녁까지 열심히 농사를 지었지만 근근이 먹고사는 정도였다. 매일매일의 고된 노동과 시름을 달래고자 술의 힘을 빌렸던 것을 커서야 이해하게 되었다.

농사만으로는 생계가 어려워 아버지는 몇 달씩 공사 현장에 나가서 숙식하며 돈을 벌어왔다. 가족과 떨어져 지내는 것이 얼마나 힘들고 외로웠을까. 아버지는 가끔 전화를 했다. 그 무렵은 전화가 귀하던 때라 동네에서 누구네 전화 왔다고 받으라는 방송을 하면 뛰어가 받았다.

    수화기 너머로 들리던 목소리는 다정했다. 보고 싶다고 선물 사 가지고 갈 테니 동생들 잘 돌보라고 당부했다. 엄마를 도와 농사일, 집 안일을 했고 동생들을 돌보며 이제나저제나 아버지가 오기만을 기다렸다. 선물은 주로 동화책이었다. 내가 책을 좋아하게 된 것은 순전히 아버지의 영향이다.

    친정집에 갈 때면 아버지가 늘 살아 계심을 느낀다. 벽에 걸린 가족사진 속에 중년의 젊은 엄마와 아버지가 미소를 짓고 있다. 다섯 딸과 큰 사위, 어린 손주들과 모두 한복을 갖춰 입고 찍은 사진이다. 청년 같던 사위는 이제 머리가 희끗희끗해졌다. 사진 속에서 아버지 모습만 유독 도드라지게 보인다. 함께 가족사진을 찍은 것이 아니라 아버지 혼자 찍은 사진을 사후에 합성한 것이기 때문이다.

    아버지는 당신의 죽음을 예감했던 것일까. 해마다 설이면 친정에 갔는데 그해는 무슨 일이 생겨서인지 가지 못했다. 명절을 보내면서 갑자기 아버지는 가족사진을 찍고 싶다고 했다 한다. 하지만 우리 가족이 못 갔으니 다음으로 미뤘던 것이 살아 계실 때 영영 함께 못 찍고 돌아가신 후에야 그 소원을 들어드린 것이었다.

    이제 아버지는 손주사위에다 증손자를 둘이나 보았으니 모두 모여 가족사진을 다시 찍어야겠다. 아버지가 무척 흐뭇해할 것 같다. 사진 속 한가운데 중년의 젊은 아버지가 여전히 우리와 함께 웃고 있는 모습을 그려본다.

그해 설을 지내고 얼마 후, 아버지는 폐암 선고를 받았다. 삼 년 전에 어렵사리 술을 끊고 경비 일을 하면서 담배를 더 피웠었다. 걱정이 되어 담배를 끊으라고 권해보았지만 술도 끊었는데 담배마저 피우지 않으면 무슨 낙으로 사냐고 하면서 화를 냈었다.

입원했다는 소식을 듣고 놀라서 병원으로 달려갔다. 아버지는 나를 보자마자 병원 복도의 자판기 앞으로 데려가 커피를 뽑아주었다. 아무렇지 않다는 듯, 너 커피 좋아하잖아 하며 웃었다. 내 앞에서 담담한 표정이었지만 속으로는 얼마나 두려웠을까. 당신의 아픔이나 걱정은 뒤로하고 딸에게 좋아하는 커피를 주고 싶었던 마음이 느껴졌다. 커피 맛은 더없이 씁쓸했지만 아버지의 사랑에 눈시울이 뜨거워지는 것을 애써 참았다.

그 당시 다섯 딸 중 큰딸인 나만 결혼시켰고, 셋째는 대학생, 넷째는 고등학생, 막내는 중학생이었으니 당신 아픈 것보다 어깨 위의 짐이 더 무거웠을 듯하다. 내가 만일 그 입장이었다면 어떤 마음이었을까 헤아려 보니 가슴 가득 먹먹할 뿐이다. 시부모님을 모시고 살고 있던 터라 눈치 보여 병문안도 자주 가지 못했다. 가끔씩 병원으로 찾아뵐 때면 아버지는 늘 커피를 사 주었다. 커피를 마시는 동안 아버지는 창밖을 바라보고 있었다. 지나온 삶을 반추하며 마음을 정리하고 있었는지도 모르겠다. 환자복을 입은 여윈 어깨의 뒷모습은 한없이 초췌해 보였다.

아프기 전 아버지는 주중에 경비 일, 주말에는 농사일을 병행하고 있었다. 경비 복장과 늘 입던 푸른색 작업복을 벗고 환자복을 입었을 때야 평생 노동의 굴레에서 해방된 것이었다. 아버지는 머리카락이 다 빠져가는 항암치료를 무척 고통스러워했다. 생의 마지막을 혼자 묵묵히 감당하던 쓸쓸한 뒷모습을 남기고 아버지는 투병생활 일 년 만에 세상을 떠났다.

밭일을 마치고 돌아와 남편이 벗어놓은 작업복을 빨았다. 오래된 그 옷은 본래의 생생한 푸른색이 바래고 낡아 일생 동안 가족에게 모든 것을 내어준 아버지의 모습을 닮았다.

세 아이의 아버지로 살아가고 있는 남편도 고단한 그 길을 걷고 있기에 그에게서 아버지의 모습을 느끼는 것이리라. 나는 그 옷을 끝까지 못 버릴 것 같다. 아버지는 작업복을 벗고 육신의 허물도 모두 벗은 뒤에 진정 자유로운 영혼이 되었을까.

다섯 딸 중 큰딸로 아버지한테 가장 사랑받은 나는 애교도 없고 무뚝뚝한 딸이었다. 그토록 술을 좋아했건만 아버지와 기분 좋게 술잔을 기울이지도 못했다. 일을 끝낸 남편은 땅 다 팠으니까 한잔하자고 했다. 술상을 차리고 '아버지, 오늘도 아버지의 하루를 보고 가네. 다음에 감자 캐러 올 때 다시 만나' 사진 속의 아버지와 함께 건배를 했다.

새벽 바다

내가 쓰는 만년필 잉크는 평범한 블랙이다. 학창 시절, 펜촉에 잉크를 묻혀 필기하던 예전과는 달리 필기구가 많아진 요즘은 잉크를 사용하는 사람들이 많지 않다. 그나마 시중에서 쉽게 접할 수 있는 잉크 색은 블루나 블랙 정도다. 때문에 다른 색을 사용하기는 어려웠다.

어느 날, 막내딸이 만년필을 즐겨 쓰는 나를 위해 이벤트를 마련했다. 문구회사에서 운영하는 나만의 만년필 잉크를 만드는 잉크랩에 가게 되었다. 아날로그 감성을 가진 사람들이 의외로 많이 존재하는 듯, 이 프로그램이 인기가 많다고 한다.

컨셉스토어에 들어서니 삼각 플라스크에 담겨 있는 알록달록한 색상의 잉크들이 우리의 시선을 끌었다. 진열되어 있는 모습이 마치 과학 실험실에 온 것 같은 느낌이 들었다. 우리 이외에도 혼자 온 중년의 남자, 여학생들 등 여럿이 함께 시작했다.

잉크랩에는 색조합표와 잉크들, 작은 비커들이 준비되어 있었다. 시약병에 담긴 잉크를 작은 비커에 스포이트를 이용해 한두 방울씩 떨어뜨리고 유리막대로 저으며 조합을 했다. 잉크색은 총 열다섯 가지가 있고 1:1로 된 조합표를 바탕으로 색을 섞어볼 수 있다. 여러 가지 색들을 톺아보아도* 색상이 많으니 어떻게 섞어야 할지 난감하기만 했다.

　　일상생활에서 색깔을 만드는 일은 거의 없지 않은가. 학창 시절 수채화를 그릴 때 말고는 색채를 다루는 경험은 전무후무했다. 옷을 쇼핑할 때도 색상을 선택하는 일일 뿐이며 그마저도 무채색 위주의 옷을 고르곤 했다.

　　먼저 사이안, 프러시안, 바이올렛을 비율을 달리해 가며 섞어보았다. 색상의 이름이 생소한데 블루 계열이다. 투명한 비커에 들어 있는 색은 펜촉에 찍어 종이에 글씨를 써보는 것과 서로 달랐다. 베이스를 섞으니 좀 더 맑은 느낌이 났지만 흔히 보던 블루 그 이상도 이하도 아닌 개성이 없었다.

　　다음은 라이트 그린, 사이안, 블랙을 섞었더니 너무 밝은 초록색으로 계속 쓰다 보면 질릴 것 같았다. 비율을 달리해 봐도 생각했던 것보다 원하는 색상이 만들어지지 않았다. 50분 간의 주어진 시간 안에 만들어야 했고 시간은 빠르게 흘러갔다. 어떤 색이 좋을까. 질리지 않고 오래 쓸 수 있는 무난함에 초점을 맞춰야 하는지, 아니면 내가 좋아하

---

* 톺아보다: 샅샅이 훑어가며 살피다.

는 색을 찾아야 하는지 고민했다.

평소에 좋아하던 퍼플, 바이올렛에 블루 세레스트를 섞어보았다. 펜으로 써보니 원하던 색에 근접하게 나왔다. 비율을 조금씩 달리해 가며 섞어본 끝에 세 가지 색의 3:2:3의 조합이 가장 마음에 들었다. 개성 있고 마음에 드는 색깔을 찾아낸다는 것이 생각보다 어려웠다.

막내딸은 그린 계열의 풀잎 같은 색을 만들었다. 딸에게 잘 어울리는 색이다. 우리가 만든 조합지를 직원에게 넘겨주니 잠시 후, 잉크를 만들어서 예쁜 병에 담아주며 이름을 지어주라고 했다. 잉크의 이름이라. 언젠가 보았던 바다가 생각났다. 어둠 속에서 밝아오는 보랏빛 '새벽 바다'의 색감이다. '새벽 바다' 잉크는 나의 이미지와 닮은 색일 듯싶다.

오로지 나만이 가질 수 있는 색의 잉크를 만들었기에 더욱 애착이 간다. 잉크를 다 쓰게 되면 똑같이 다시 만들어서 보내주는 리오더 서비스가 있어서 좋았다. 잉크 외에도 이름을 각인한 만년필까지 제공받아 기분이 날아갈 듯했다.

새 만년필에 새벽 바다색의 잉크를 넣었으니 오늘 밤에는 글이 술술 써질 것만 같다.

여름은 오래 그곳에 남아

2013년 여름, 나는 동생이 살고 있는 캐나다에서 엄마와 함께 여행 중이었다. 어느 날 아침 온 식구가 게를 잡으러 벨카라 바닷가에 갔다. 차를 타고 가는 도중 산모퉁이를 돌 때마다 탐스러운 블랙베리에 시선을 빼앗겼다. 그 나라에서 가장 신기했던 것이 밴쿠버 시내 공원이나 집 근처 길가에, 혹은 차를 타고 가는 내내 야생 베리가 지천인 것이었다.

어렸을 때는 시골에서 자랐기에 흔하게 따 먹어보았고, 가끔 등산 갔을 때 어쩌다 산딸기를 맛보게 되면 그건 운이 좋은 것이었다. 그 많던 산딸기 덤불은 어디로 사라진 것일까. 우리는 산속에 있는 것이 더 신선할 것 같아서 작은 바구니를 준비해 갔다.

차에서 내리자마자 엄마와 나는 게 잡는 것은 뒷전이고 베리부터 따기 시작했다. 한국의 산딸기는 작고 붉은빛으로 새콤하다면 이곳의 블랙베리는 알이 굵은 데다 단맛이 더 강했다. 열심히 따고 있는데 국립공원 직원이 다가와서 말했다. 바구니에는 안 되고 내 주먹에 담을 만큼만 따라는 것이었다.

야생 베리가 흔한 데도 따지 않기에 이곳 사람들은 관심이 없는 줄로 알았다. 그들의 생각은 동물의 먹이이므로 따지 않는다는 것이다. 먹어도 조금 따서 맛보는 정도다. 며칠 전 공원에서 두 바구니 잔뜩 따다가 잼을 만들고 설탕을 부어 효소를 만들어 놓은 것이 좀 부끄러웠다. 산속에 고사리나 송이버섯이 많은데 그것도 절대 따지 않는다고 한다. 우리나라 같으면 남아나지 않았을 것이다.

캐나다는 뛰어난 자연경관을 잘 보존하고 지키려는 것을 곳곳에서 느낄 수 있었다. 이름난 관광지도 자연을 훼손하지 않는 범위 내에 최소한으로 개발하고 친환경 화장실을 많이 만들어 놓았다. 우리는 아쉬움을 달래며 게 잡이 준비를 서둘렀다. 통발 안에 닭 다리를 매단 다음 줄을 힘껏 멀리 던져놓고 기다렸다. 게를 잡는 것도 아무나 할 수 있는 것이 아니고 허가증을 발급받아야만 할 수 있다고 한다.

10여 분쯤 기다렸다가 통발의 줄을 잡아당겼다. 게가 두 마리나 들어 있어 모두들 좋아했는데 제부가 자를 꺼내더니 크기를 쟀다. 한 마리는 기준보다 조금 작아서 놓아주어야만 했다. 주변 사람들도 게를 잡으면 모두 자로 재보았고 작으면 미련 없이 놓아주었다. 당장 눈앞의 이익보다는 환경을 지키고 미래를 위해서 다 같이 노력하는 모습이 인상적이었다.

빅토리아섬이나, 로키산맥의 웅장함을 보는 여행도 좋았지만 아기자기한 즐거움을 안겨준 것은 농장으로의 체험여행이었다. 블루베리 나무들이 끝없이 펼쳐진 곳에서 베리를 따던 일, 키가 큰 체리 나무는 사다리를 타고 올라가 따 왔고, 커다란 복숭아도 두 상자나 따 왔다. 값싸게 과일을 사고 따는 재미도 느낄 수 있어 일석이조였다.

    동생 집에서 차를 타고 1시간 거리에 바다가 있었고 호수도 있었다. 여름에는 밤 10시나 되어야 해가 지기에 이른 저녁을 먹고 바닷가에 가서 한참을 놀다 오곤 했다. 아침이면 느긋하게 일어나 동생이 해주는 밥을 먹고 여기저기 경치 좋은 곳을 놀러 다녔다. 누구의 아내, 며느리로서의 의무는 잠시 벗어놓고 그해 여름은 자연 속에서 오롯이 쉴 수 있었던 40일 간의 꿈같은 시간이었다.

심봤다

나는 나물 캐기를 좋아하고 약초에도 관심이 많다. 어렸을 때 시골에서 자라며 친구와 냉이나 쑥을 캐러 다니고 뒷산으로 산나물을 뜯으러 다녔던 추억이 있어서 좋아하나 보다.

결혼해서도 아이들이 어렸을 때, 봄이면 온 가족이 도시락 싸서 소풍 가듯 산과 들을 다녔다. 아버님과 아이들이 논둑이나 밭 근처에서 쑥, 돌나물, 머위 등을 뜯고 있으면 어머님과 나는 산에 올라 산나물을 뜯었다. 그 재미에 온 산을 다 헤매고 다니다 나물을 가방 가득 채워 내려오면, 남편은 혼자 무섭지도 않느냐고 했다. 무섭긴커녕, 재미있기만 한데 남편은 멧돼지가 나타날까, 뱀이 있을까 겁을 냈다. 2인 1조가 되어서 따야 하는 나물도 있는데 두릅과 엄나무 순이다. 두 가지 다 나무의 높은 꼭대기에 새순으로 온통 가시가 있어 따기는 힘들지만, 특유의 향과 쌉싸래한 맛이 나물 중에 으뜸이다.

다른 사람들 눈에는 잘 안 띄어도 키가 작은 내 눈의 레이더망에는 잘 잡힌다. 내가 저기 있어요 하고 방향을 가르쳐 주면, 남편이 기다란 갈고리로 걸어서 두릅을 딴다. 그래서 붙여진 내 별명이 '찍새'다. 두릅 따는 철이면 해마다 강원도 평화의 댐 근처 계곡엘 가는데, 남편 친구는 찍새인 내가 함께 가야 수확이 많다고 늘 같이 가자고 할 정도다.

설명을 듣거나 사진으로만 보았던 새로운 종류의 나물도 곧잘 캐곤 했다. 잎이 다섯 장이고 줄기에 가시가 많은 가시오가피 순을 따기도 했고, 덩굴식물이며 잎이 네 장씩 마주 보고 있다는 말을 듣고 처음으로 더덕을 캤을 땐 환호성을 지르며 남편과 "심봤다."를 외쳤다. 더덕은 씨가 떨어져 주변에 또 자라기 때문에 살펴보다가 서너 뿌리 더 캐서 더덕주를 담글 수 있었다.

오월의 따뜻한 봄날이었다. A 씨 부부와 양평 근처의 산에 취나물을 뜯으러 갔다. 일행과 산을 오르며 여러 가지 약초에 대해 이야기하다가 산삼은 잎이 다섯 개라는 이야기를 들었다. 그 말을 그냥 흘려들었지 별로 염두에 두진 않았다. 정상까지 올라갔다 내려오는 동안 그 산에는 취나물 말고 다른 종류의 나물은 눈에 띄지 않았다.

배낭 가득 나물을 뜯어 산을 거의 다 내려왔을 때였다. 눈앞에 잎이 다섯 개인 식물의 무리가 눈에 확 들어왔다. 직감으로 산삼이란 느낌이 들었다. 급히 예전에 장뇌삼을 캔 적 있다는 A 씨를 불렀다. 그는 나보다 앞서 그곳을 지나갔는데 못 보고 지나쳤던 것이다. 그가 와서 보더니 산삼이 맞다고 했다.

큰 것과 작은 것까지 있는 가족 산삼이었다. 가족 산삼이란 큰 것에서 씨가 떨어져 작은 삼이 또 자라 주변이 가족을 이루어 자라고 있는 것이다. 어젯밤 좋은 꿈 꾼 것도 없는데 이게 웬 횡재란 말인가! 정작 "심봤다."는 외치지도 못하고 우리는 흥분해서 꽃대가 올라온 가장 큰 것으로 조심스럽게 세 뿌리를 캤다.

그때 멀리 산 아래 인가 쪽에서 개 짖는 소리가 들렸는데 남편이 그만 가자고 나를 잡아끌었다. 장뇌삼이나 산양삼 등 주인이 키우는 것은 울타리를 쳐놓고 경고장까지 써놓는다. 쓸데없이 겁을 먹고 내려온 남편이 야속했다. 뒤따라 내려온 A 씨 부부는 느긋하게 우리 것보다는 좀 작지만 다섯 뿌리나 캐 왔다는 것이 아닌가.

남편은 예쁜 술병을 사다가 산삼주를 정성스레 담가놓고 매일매일 흐뭇하게 바라보았다. 남편 뒤통수에 대고 마누라 잘 둔 덕인지나 알아요. 당신이 나 아님 평생 산삼주 구경이나 해보겠어 하니까, 맞아 맞아 당신이 최고야 하며 치켜세워 주었다.

그 후로 나는 산삼 종류가 무엇이 있는지, 어느 곳에 잘 자라는지 알아보고 다른 약초에 관한 책도 읽어보게 되었다. 산을 오를 때마다 다시 산삼을 캘 수 있을까 눈에 불을 켜고 찾았지만 욕심 때문인지 더덕도 잘 보이지 않았다. 우리가 캐지 않고 남겨둔 작은 산삼이 자라고 있을 텐데 아쉽게도 행운의 그 장소를 기억하지 못한다. 엄청난 행운을 다른 사람도 누려봐야 하지 않을까.

훤

#. 아까시나무꽃이 필 때면

세 아이들의 어린 시절이다. 큰딸은 초등학생, 아들은 유치원생, 막내딸이 두 살 무렵이었다. 토요일이었는데 남편이 퇴근하기만을 기다렸다. 무슨 용기가 났던지 남편이 돌아오자마자 답답해서 못 살겠으니 무작정 여행을 떠나자고 했다. 몸이 편찮은 시부모님을 모시고 살았기에 우리끼리 여행을 간다는 건 생각지도 못했다. 그도 지쳐 있었고 나의 결연한 마음을 읽었는지 선뜻 가자고 하는 게 아닌가.

남편이 부모님께 허락을 맡고 간단히 가방을 싸서 세 아이들과 차에 탔다. 이렇게 쉽게 떠날 수 있는 거였다. 살다 보면 작은 일에도 실행에 옮기기까지 오만 가지 생각으로 마음만 끓인 적이 많았다.

여름휴가 때도 항상 온 식구가 같이 떠나야 했기에 진정한 휴가가 아니었다. 단출하게 아이들 데리고 여행 가는 이웃들이 얼마나 부러웠던지. 우리 집은 가까운 곳에 당일로 나들이 가는 것마저 쉽지 않은 때였으니 그날의 일탈은 그야말로 큰 사건이었다.

뚜렷이 생각해 둔 목적지가 없었다. 우리는 의논 끝에 연애 시절 가보았던 홍천강으로 향했다. 아이들도 갑작스러운 떠남에 신이 났다. 초여름을 향해가는 나무들이 푸르른 가운데 아까시나무꽃 하얀 송이송이가 바람에 살랑거렸다. 차창을 열어 달콤한 향기를 가슴 깊이 들이켰다. 마음속에 묵은 찌꺼기들을 비워버리고 순수한 꽃향기로 채우기라도 하려는 듯 마시고 또 뱉어냈다.

팔봉산 산그림자가 길게 내려왔을 무렵 홍천강에 도착했다. 우리는 강가로 내려갔다. 남편은 아이들에게 물수제비 뜨는 법을 가르쳐 주었다. 조약돌 중에 납작한 것을 골라 몸을 비스듬히 숙인 다음 물을 향해 힘껏 돌을 던졌다. 하나, 둘, 셋 숫자를 세며 누가 더 잘 던지는지 내기도 하고 아이들의 즐거운 모습을 카메라에 담느라 남편은 분주했다. 막내딸을 안고 그 모습을 바라보며 오랜만에 느껴보는 행복감에 눈물이 날 것 같았다.

해마다 아까시나무꽃이 필 때면 물수제비 뜨던 강가와, 술잔을 기울이며 서로를 위로했던 밤, 구슬프게 들려왔던 소쩍새 소리까지 선명히게 떠오른다

#. 하얀 피부

나는 검은 피부를 가졌다. 아버지는 피부가 검고 어머니는 하얗다. 다섯 자매 중 큰딸인 나는 아버지의 외모를 많이 닮아 제일 까맣다. 셋째와 막내는 엄마 닮아 하얘서 검은 피부의 세 딸들은 그녀들의 흰 피부를 부러워하며 자랐다. 하얗지만 쌍꺼풀 없는 딸은 쌍꺼풀 있는 자매를 부러워했고 각자 자신이 가지지 못한 것을 갖고 싶었다.

쌍꺼풀이 진하고 큰 눈을 가졌어도 미모의 완성은 하얀 피부라고 생각했다. 혹자는 검은 피부가 더 섹시하고 예쁘다고들 하지만, 나는 그렇게 생각하지 않는다. 게다가 쌍꺼풀은 성형으로 해결이 되지만 피부는 바꿀 수 없지 않은가.

내가 결혼해서 아이들을 낳을 때도 시어머니가 흰 피부라 혹시나 기대를 했건만, 그런 기적은 없었다. 두 딸 중 더 검은 편인 막내딸은 성인이 된 지금도 가끔 거울을 들여다보며 엄마는 나를 왜 이렇게 까맣게 낳았냐고 불평을 한다. 나도 불만이었노라고 유전자를 물려준 조상님을 탓하라고 할 수밖에 없었다.

이러한 세 모녀의 한을 풀어준 이가 나타났으니 다름 아닌 외손자다. 큰딸이 아기를 가졌을 때 우리가 가장 바랐던 것은 사위의 하얀 피부를 닮았으면 하는 것이었다. 가능성은 커 보였지만 어떤 유전자를 물려받을지는 예측 불가능했다. 입체 초음파로 뱃속에 있을 때 얼굴 모습을 일찌감치 볼 수 있었다. 사진만으로는 누구를 닮았는지 잘 모르겠고 궁금하기 짝이 없었다. 드디어 아기가 건강하게 태어났다. 갓난 아기는 피부가 붉게 보여서 어떤 피부인지 알 수 없었다.

　육아 책을 읽어보니 대체로 두 달쯤 지나면 알 수 있다고 했다. 그런데 조리원에 있을 때 간호사가 하얀 피부라고 알려주었다. 그녀는 아기들을 많이 본 경험으로 일찍 알 수 있나 보다. 안심이 되었다. 그때는 잘 느끼지 못했지만 한 달 정도 되니까 육안으로 뚜렷이 하얀 얼굴을 알아볼 수 있었다.

　눈, 코는 사위를 닮았고 입매는 딸을 닮아 보였다. 손자를 목욕시키려고 옷을 벗겼을 때 전체적인 피부가 투명하다 못해 실핏줄이 푸르게 보였다. 볼 때마다 푸른 실핏줄이 비치는 모습이 신기하고 놀라웠다.

　연년생으로 태어난 두 번째 아기도 하얗고 예쁘다. 나날이 커가는 두 손자의 재롱에 깊이 빠져들고 있다.

5부

프레임 안의 세상

 사진 속의 그녀를 따라다니고 싶었다. 어디로 가는지, 무엇을 찍을 것인지 지켜보려고 살며시 뒤를 밟는 상상을 해본다. 그녀는 뉴욕의 한 거리를 천천히 걷고 있다. 새들거리는* 기분을 가라앉히고 눈길을 끄는 사물에 가까이 다가가는 모습을 포착했다. 카메라를 목에 건 여자의 시선은 정면이 아닌 측면으로 약간 높은 곳을 향하고 있다. 길 양쪽으로 높은 건물들이 서 있고 도로에는 차들이 지나갔다. 그녀는 가게 한 면의 커다란 유리 앞에 서더니 그곳에 비친 자신의 모습을 바라보았다. 렌즈를 통해 구도를 잡은 다음 신중하게 찰칵 셔터를 눌렀다.
 그녀의 사진들은 강렬한 것이 많았지만 그 사진이 가장 마음에 와

---

* 새들거리다: 마음이 들떠서 돌아다니다.

닿았다. 헝클어진 커트의 생머리, 꼭 다문 입술의 무표정한 얼굴과 상반신만 찍힌 사진에는 세로로 절반이 검은 그림자가 드리웠고 절반은 햇볕에 드러나 있다. 절반의 그림자는 세상 속에서 숨고 싶은 생각과 그 반면에 드러나고도 싶은 마음 또한 나타난 것이 아닐까 조심스럽게 추측해 본다.

그 사람의 이름은 비비안 마이어다. 1926년 뉴욕에서 태어났는데 평생 독신으로 보모, 가정부, 간병인으로 일하며 남의 집을 전전하였다. 수십만 장의 사진을 찍었지만 2009년 죽는 순간까지 아무에게도 자신의 사진을 공개하지 않았다. 사후에 15만 장의 필름을 보관해 둔 창고가 임대료를 내지 못해 경매에 부쳐졌다. 필름은 그 과정에서 역사가 존 말루프의 손에 들어갔다. 비로소 빛을 본 사진들은 그 가치를 알아본 말루프에 의해 세상에 공개되고 전 세계에 걸쳐 전시되면서 천재적인 사진가라는 평가를 받게 되었다.

마이어는 발걸음을 옮기며 신문 가판대에서 졸고 있는 노인을 찍고 건물 이 층에서 유리창을 닦는 여자를 향해서도 셔터를 눌렀다. 나의 시선도 계속 그녀 뒤를 따라갔다. 문 앞에 서 있는 귀여운 아이들 한 컷, 차 안에 누워 낮잠을 자는 남자를 찍으려고 자동차 창 안으로 카메라를 불쑥 집어넣기도 했다. 다정하게 손을 잡은 남녀의 뒷모습, 버려진 의자가 불타고 있는 광경, 사고를 당해 도로에 누워 있는 사람 곁의 경찰관과 군중의 표정 등등. 그녀의 호기심은 끝이 없다.

타인이나 사물의 풍경을 찍다가 틈틈이 자화상도 찍었다. 실내의 거울이나 도로 반사경에 비친 모습, 상점의 유리나 거울에 비친 모습등에는 언제나 카메라를 목에 건 채였다. 여러 점의 자화상 중에서 절반이 검은 그림자에 가려진 그 사진이 유독 내게 와닿았던 것은 마이어의 정체성을 나타내는 느낌이 들어서이다.

자신이 어떤 사람인지, 어떤 사진들을 찍었는지 직접 드러내지 않았지만 자화상 속에서 자신을 표현하고자 하는 마음이 나타났다고 생각한다. 만약에 자신의 사진들이 공개되고 천재 사진가로 명성을 얻었다는 것을 본인이 알 수 있었다면 어떤 반응을 보였을까.

마이어는 늘 남성들을 경계했고 남성들이 지나치게 가까이 오면 어김없이 욕을 하거나 폭력을 휘둘렀다. 주변인들은 그녀가 어렸을 때 폭력이나 학대를 당한 경험이 있지 않을까 추측했다. 또한 다양한 가명을 사용하고 독신으로 살며 사생활을 노출시키지 않았던 것은 그러한 과거 때문에 세상에서 숨어 지낸 측면이 있지 않나 싶다. 따라서 그 경험이 인생에 큰 영향을 미쳤고 개인사는 고독했지만 자신의 예술 세계를 독특하게 담아낼 수 있었던 까닭이라고 생각하니 아이러니한 일이다.

흑백 사진 속 얼굴은 이십 대 후반의 젊은 모습이지만 한편으로는 아웃사이더의 고독함이 느껴진다. 롤라이플렉스 카메라를 잡은 양손에서만큼은 굳은 의지가 읽힌다. 아마도 자유로운 영혼의 소유자로서 자존감이 높은 사람이지 않았을까. 높은 곳을 바라보는 시선에는, 또 무엇을 담아볼까 하고 끊임없이 질문을 던지는 작가의 눈빛과 이상이 담겨 있다. 침묵하고 있지만 한 장의 사진 속에서 수많은 말을 건네고 있다.

침실에 딸린 욕실을 찍은 사진에는 현상액을 담그는 통과 걸어놓고 말리고 있는 네거티브 필름들이 보이는 것을 보면 직접 사진을 현상하기도 했음을 알 수 있다. 우리 집에도 사진에 미쳐 사는 사람이 있다. 필름 사진을 찍고 직접 현상하는 모습을 자주 볼 수 있어 익숙한 풍경이다. 상상 속에서나마 마이어의 뒤를 계속 따라다니며 보니 우리 집 사진가에게서 느꼈듯이 사진은 즐거움이자 중독이라는 것을 재발견할 수 있었다.

생활고로 인해 인화되지 않은 수많은 필름도 발견되었다. 필름 한 통 한 통마다 그녀의 채 못다 한 흥미로운 이야기가 담겨 있을 것이다. 영원히 사장될 수도 있었던 작품들이 사후에라도 발견되어 세계적으로 전시된 것은 뛰어난 작가로서의 예술성이야말로 반드시 드러나고야 말 운명이었던 것이라 생각한다.

사진 속 그녀의 옷차림은 시대에 뒤떨어져 보이고 화장도 하지 않았다. 마이어는 또한 여러 가지 것들을 수집하기를 좋아했다. 엽서, 모조 보석, 우표, 라이터, 병따개 등 종류가 다양하다. 신문을 통째로 모으거나 스크랩하는 등 그 분량이 파일 수백 권에 달했고 책도 수천 권을 가지고 있었다니 이지적인 면모를 읽을 수 있다.

인간관계의 복잡함이 불편했던 마이어에게는 사진이 유일한 친구로서 세상과 교류를 나누었던 편안한 수단이었을지도 모른다. 보모나 가정부로 살았지만 매우 지적이었던 그녀의 알려지지 않은 삶이 더욱 마음속에 스며든다. 탁월한 시선과 뛰어난 재능을 가진 한 예술가의 자화상을 보며 사각 프레임 안에 담아낸 마이어의 세계에 몰입해 본다.

그림자를 만날 때

그림자가 나를 따라왔다. 배롱나무로 이어진 길을 산책하고 있었다. 여러 갈래로 뻗어 있는 나뭇가지의 그림자 사이로 따라오는 것은 내 그림자였다. 걸음을 멈추고 가만히 들여다보았다. 오전의 햇빛에 비친 나는 키가 작고 어깨가 처진 것이 힘들어 보였다. 내 그림자를 눈여겨본 것은 얼마 만인가. 언제 보았던 것인지 잘 떠오르지 않았다. 내 발끝에 항상 붙어 다니는데도 한동안 의식하지 못했다. 무엇이 그리 바쁘다고 그림자를 보지 못하고 살았을까.

한동안 타인의 그림자에 정신이 팔려 있었다. 따뜻한 그림자, 당당하고 편안해 보이는 그림자들. 홀로 앉아 있던 내 마음에 드리워지던 그림자는 불안이나 슬픔이었는지도 모르겠다.

함께 걷던 남편은 나무의 그림자 사진을 찍기 시작했다. 이심전심이라고 그도 그림자에 꽂혔나 보다. 그는 요즘 오래된 카메라로 흑백 필름 사진을 주로 찍고 있다. 사진은 빛 없이는 찍을 수 없으며 빛과 그림자의 그림이 전부인 셈이다. 눈에 보이는 세상이 컬러풀한 서양화라면 그림자는 농담이 표현된 수묵화라고도 할 수 있다. 그는 '빛'이라는 폴더에 그림자의 사진을 계속 모으고 있다. 그가 그림자를 찍는 이유를 물어보았다. 세상은 보는 각도에 따라 달라지므로 모순을 포착하는 것에 집중한다고 그는 답했다. 빛이 있으면 그림자가 있듯, 공존할 수 없을 것 같은 것들이 함께하는 순간이 있다. 그 순간을 표현할 때 세상의 본모습에 조금 더 가까워지는 듯해서 그림자를 찍는다고 한다. 색이 사라진 세상에서 빛과 그림자는 예측할 수 없는 아름다움을 만들어 낸다.

미셸 투르니에는 그림자를 "삶의 길은 동쪽에서 서쪽으로 간다. 어린아이는 뜨는 해를 등지고 걷는다. 몸집이 작은데도 큼직한 그림자가 앞서가고 있다. … 그러나 해는 서쪽으로 넘어가고 성숙한 인간에게는 등 뒤에 그림자가 생겨나서 점점 길어진다. 이제부터 그는 점점 더 무거워지는 추억들의 무게를 발뒤축에 끌고 다닌다. 그가 사랑했다가 잃어버린 모든 사람들의 그림자가 자신의 그림자에 보태지는 것이다."라고 표현했다.

배롱나무 가지 위에 만개한 붉은 꽃들의 그림자도, 그저 가늘거나 굵직한 검은 선과 얼룩처럼 드리워져 있을 뿐이었다. 화려한 절정의 때가 지나면 나타날 그 이면의 모습을 벌써 보여주고 있는 것 아닐까. 나이가 들어간다는 것은 여름의 은성한 풍경을 있는 그대로 즐기지 못하고 슬픔을 느끼게 되는 것인가 보다.

벌레처럼 아주 작은 것들이라도 빛 속에 있으면 모두 그림자를 만든다. 눈여겨봐야 하는 그 작은 그림자는 이처럼 환한 세상에 숱한 사물들이 존재한다는 것을 뚜렷이 증명하고 일깨운다. 설령 아주 컴컴한 곳이라도 한 줄기 빛이 비친다면 사물들은 그림자를 드리우며 자신의 존재를 드러낸다.

그림자는 대개 물체에 종속된 개념으로 이해되기 쉽다. 물체의 움직임이 그림자에 그대로 반영된다는 특징이 있기 때문에 좋은 의미든 나쁜 의미든 분신이라는 의미가 있다. 발에서 떨어지지 않고 항상 붙어 있어 구속, 속박의 이미지도 있다. 심리학에서는 마음의 어두운 부분들을 나타낸다. 무의식의 저 밑에 있는 내 그림자는 어떤 모습인지. 억눌린 그림자를 숨기기보다는 꺼내고 표현하는 것이 자존감을 회복하는 길이지 않을까.

그림자를 만나는 시간은 나를 만나는 시간이다. 오랫동안 잊어버리고 살다가 어느 날 혼자 천천히 걷다 보니 발끝에 밟히는 내 그림자. 바쁠 때는 눈여겨볼 새가 없다가 축 처진 마음이 되었을 때 비로소 내 그림자를 다시 만난다.

나는 내 그림자를 일으켜 세우고 걸어간다. 그림자의 처진 어깨가 곧게 펴지고 내딛는 발걸음은 씩씩하다.

짝사랑을 날로 뺏겼다

봄꽃들이 피고 있는데 어쩌나 싶었다. 흐린 하늘에서 갑자기 눈발이 날리기 시작했다. 바람도 거세게 불면서 이내 함박눈이 휘몰아쳤다. 이사하는데 날씨가 헤살*을 부리는 것 같았다. 이삿짐을 싣고 가면서도 막내딸이 시집간다는 사실이 실감 나지 않았다. 온실 속에 키우던 화초를 눈 내리는 세상에 내어놓은 심정이었다. 이삿날 눈이 내리면 잘 산대, 남편의 말에 마음이 한결 누그러졌다.

신혼집은 새집이라 깨끗하고 둘이 살기 아담하니 좋아 보였다. 집 정리를 해주고 같이 점심을 먹을 예정이었으나 그냥 돌아와야 했다. 사위는 눌이서 정리하는 것이 편하다고 했고 사돈도 와 있었기 때문이다.

---

* 헤살: 일을 짓궂게 훼방함.

집을 찬찬히 둘러보지도 못하고 짐만 내려놓고 나오는데 가슴 한구석이 허전했다. 자기가 먼저 이삿날은 짜장면 먹어야지 하더니 그 약속을 못 지키네. 이제 그녀의 시계는 시가 쪽으로 돌아가기 시작했다.

딸은 우리 집에서 차로 30분이면 갈 수 있는 거리에 살게 되었다. 멀리 떠난 것도 아니지만 아주 먼 곳으로 떠나보냈다는 것을 안다. 큰딸을 결혼시키고 한동안 생각만 해도 눈물이 핑 돌았다. 이제 적응할 만하니까 막내딸마저 가서 두 배로 더 서운한 마음이다.

남편은 본인 배 아파 낳지 않아서일까, 나만큼 섭섭하지 않아 보인다. 딸의 짐을 빼자마자 자기 방을 꾸민다고 좋아서 난리다. 카메라 진열할 장식장을 새로 산다, 가구 위치를 바꾼다 하며 줄자 들고 왔다 갔다 하는 모습이 보기 싫었다.

그녀가 먹고 갈 스프를 끓이거나 도시락 싸줄 일도 없어진 아침은 한갓지다. 주말에는 신랑이 아침을 차려줬다는 문자를 받았다. 다정하고 잘 챙기는 남편을 만나서 마음이 놓이지만 으슬으슬 춥고 먹어도 자꾸 허기가 지는 것은 나의 봄이 사라진 탓이다. 나는 아무것도 손에 잡히지 않는데 남편은 가구 위치를 바꿔가며 끊임없이 정리정돈을 했다. 허전한 마음을 그의 방식대로 달래는 중인가 보다.

아침저녁으로 조잘조잘 지저귀던 동박새는 새 보금자리로 날아가 버렸다. 헌 둥지는 적막강산이다. 그녀는 학교에서 있었던 일, 친구들 이야기, 직장인이 되어서는 회사에서 무슨 일이 있었는지 하루의 일들을 미주알고주알 모두 얘기해 주었다. 나도 주변에서 일어난 일들은 전부 이야기하는 친구 같은 딸이다. 몸이 약해서 잔병치레를 하는 편인데 살림하며 직장 생활을 잘할 수 있을까 걱정스럽기만 하다.

하루 종일 나의 안테나는 온통 그녀에게로 향해 있다. 몸은 아픈데 없니? 말짱해, 내내 피곤한 거 빼고는, 엄마 반찬만 털고 있어, 그럼 엄마 찬스 써, 아냐 나도 혼자 먹고 살아야지, 적응할 동안만이라도, 애쓰다 아플까 봐.

음식이든 살림이든 앞으로 야무지게 하고 살 것이라며 나를 안심시킨다. 그리고 그녀의 안테나는 이제 신랑에게로 향해 있다.

나는 사위에게 드라마 대사처럼 말해주고 싶었다.

"너는 네가 뭘 받아 가는지 아냐? 내가 너에게 나의 천국을 준다, 내 딸 크는 30년 동안 아무것도 한 게 없는 너에게…"

나는 그렇게 짝사랑을 날로 뺏겼다.

음악의 언어

　　마을 길목에 피아노가 놓인 무대가 있었다. 초등학교 저학년으로 보이는 예쁜 원피스를 입은 여자아이들과 검은 바지에 흰 셔츠를 차려입은 남자아이들이 줄지어 서 있었다. 부모님과 축제를 구경 온 미래의 피아니스트들이다. 한 여학생이 피아노 연주를 하는 동안, 다음 차례를 기다리는 남학생은 긴장을 풀려는 것인지 연습하듯 허공에 손가락 피아노를 치는 모습이 진지했다. 작은 무대이지만 훗날 좋은 경험으로 아이들의 마음속에 각인되지 않을까.

　　딸과 함께 강원도에서 열리는 계촌 클래식 축제에 다녀왔다. 둘이서만 오롯이 음악을 즐기는 여행이다. 축제가 열리는 계촌은 강원도 평창의 작은 시골 마을인데 생각했던 것보다 훨씬 많은 사람들로 북적였다. 돌도 안 된 아기부터 유치원생 어린아이들을 데려온 젊은 부부들이 많았다.

지난 2009년 계촌초등학교는 전교생을 단원으로 하는 오케스트라가 창단되면서 폐교의 위기를 넘기게 되었다. 이후 계촌중학교 별빛 오케스트라 창단으로 이어졌고 한국예술종합학교 음악원 졸업생들이 매주 계촌 마을을 찾아 학생들을 가르치기 시작하면서 계촌 클래식 축제의 막을 올리게 된 지 십 년째가 되었다.

딸과 나는 클래식 음악에 대해서 해박한 지식이 있거나 공연을 찾아가는 편은 아니다. 나는 공부할 때 배경 음악으로 깔아놓고 혹은 집안일하며 클래식 라디오 프로그램을 종종 듣는다. 딸은 대학 다닐 때 좋아하는 앨범을 찾아서 많이 들었다면 직장인인 요즘은 회사에서 주변 소리가 시끄럽다고 느껴질 때, 지적인 허영심을 채우고 싶을 때 주로 듣는다고 한다.

딸에게 오케스트라가 연주하는 음악회에 가보고 싶다고 말한 적이 있었다. 그 말을 흘려듣지 않았던 딸은, 사연을 적어 보내서 선정되면 두 명에게 무료로 공연을 볼 수 있다는 축제에 신청을 했던 것이다. 이번에는 피아니스트 조성진이 협연한다고 해서 신청자가 너무 많아 선정문자가 늦어진다는 연락이 왔다. 마음을 졸이며 기다리는 동안 조바심이 커질 때쯤 드디어 사연이 선정되었다는 문자를 받고 우리는 로또에 당첨된 것처럼 뛸 듯이 기뻤다.

어려서부터 클래식 음악을 접하고 자라면 어른이 되어서도 계속 좋아하게 되는 것 같다. 딸이 어렸을 때 피아노는 조금 배우다 싫증을 느껴서 그만두었지만 좋은 음악 공연은 보여주고 싶었다. 그러다가 세종문화회관에서 열리는 〈천원의 행복〉이라는 프로그램을 알게 되었다. 매달 다양한 장르의 공연에 신청해서 선정되면 티켓값으로 천 원만 내고 볼 수 있는 프로그램으로 지금도 실시되고 있다. 나에게도 생활의 숨통이 트이는 행복한 시간이었지만 딸도 좋은 추억이라고 기억한다. 그 영향인지 대학 때 복수전공으로 예술사를 공부했다. 딸은 이러한 내용들을 사연으로 쓴 덕분에 선정이 된 것 같다고 했다.

오케스트라 공연은 티켓이 있어야 하지만 현악 사중주, 재즈, 오페라, 기타, 관악기 합주 등의 프로그램은 누구나 볼 수 있다. 일반적인 공연장의 조용하고 약간은 무거운 분위기보다 잔디밭에 돗자리를 펴고 음악을 들으며 간단한 음식에 곁들여 맥주나 와인을 마시는 그야말로 음악 축제의 분위기가 무엇보다 좋았다.

첫째 날, 별빛 콘서트는 크누아심포니 오케스트라의 연주로 한예종 학생들로 구성된 대학오케스트라였다. 학생들의 연주가 신선하고 활기찬 분위기였다면 둘째 날, 경기필하모닉은 노련하고도 힘찬 소리에 압도되는 느낌이었다.

협연자인 피아니스트 조성진의 연주는 리허설 때부터 소리가 남달랐다. 한 음, 한 음이 깊고 풍부해 생동감이 넘쳤다. 똑같은 피아노곡을 연주해도 피아니스트마다 소리가 다른 것은 음악을 해석하고 표현하는 느낌이 다르기 때문일 것이다. 글을 쓸 때도 남다르게 표현하려고 노력하는 것과 비슷하다고 생각한다.

공연을 가까운 자리에서 보기 위해 땡볕에 장시간 줄 서 있던 고생도 모두 날릴 정도로 조성진의 연주를 듣는 시간은 행복했다. 공연장에 있던 사천오백 명가량의 사람들이 모두 숨을 죽이고 섬세하고 투명한 피아노의 선율에 집중했다. 그의 표정까지 잘 보이는 위치였는데 온몸과 영혼으로 연주하는 리듬이 잔잔한 파도처럼 슬금슬금 다가왔다. 앙코르 곡은 지휘자이며 피아니스트인 김선욱과 헝가리 무곡을 함께 웃으며 신나게 연주했는데 두 명의 조합은 어디에서도 보기 힘든 일이었다.

이번 공연으로 우리는 지휘자의 매력에도 흠뻑 빠졌다. 정치용 지휘자가 절제된 손동작과 날카로운 표정으로 카리스마를 뿜어낸다면 김선욱 지휘자는 퍼포먼스적이고 열정적인 지휘를 했다. 그들을 바라보며 피아니스트, 지휘자 등 음악가의 삶 너머에 어떤 풍경이 있을지 알고 싶어졌다.

음악은 우리 삶에 색채를 더하고 물결처럼 감동을 전해준다. 음악은 감정의 언어이자, 우리가 표현할 수 없는 감정을 대신해 주기도 하며 삶 곳곳에 인상적인 흔적을 남긴다.

"음악의 언어는 무한하다. 여기에는 모든 것이 들어 있고, 모든 것을 설명할 수 있다."는 발자크의 말에 공감하며 클래식 음악의 매력에 사로잡힌 음악 여행이었다.

남산의 부처들

 이른 아침, 경주의 삼릉에 도착했다. 안개 속에 위엄 있는 노송을 카메라에 담은 뒤 계곡으로 올라갔다. 늦가을의 숲에는 드문드문 단풍이 붉은 자태로 절정을 지나는 중이었다. 비로소 남산을 오르는 감회가 남달랐다. 학창 시절 사회 선생님의 권유를 수십 년이 지나서야 실행하게 되어서다. 선생님은 수학여행을 가면 불국사나 석굴암 등 유명 관광지를 구경하지만 나중에 경주에 가거든 남산에 꼭 가보라고 했다.
 성인이 된 후로 여러 번 경주를 찾았으나 남산에 가볼 기회는 없었다. 여행 계획을 세울 때, 남산 곳곳에 숨은 유적지가 많으니 그 산에 오르지 않는다면 경주의 참맛을 못 느끼는 것이라던 선생님 말씀이 떠올랐다.
 남산은 신라의 도읍이었던 경주 분지의 남쪽에 위치하며, 불교유적의 보고이자 신라인들의 영산이며 신라의 역사가 시작된 곳이다. 가장 먼저 만난 것은 마애관음보살상으로 조선 오백 년 숭유억불의 풍파를 이겨낸 늠름한 모습의 보살상이다. 조선 말기 유학자들이 조상의 무덤을 만들기 위해 전국의 사찰 터에 있던 유적을 파괴하고 산소를 쓰는 일이 유행처럼 번져 거의 모두 파괴되었다.

　이 보살상은 큰 바위의 윗부분을 쪼아내어 만든 것이다. 얼굴과 몸의 윗부분은 높은 돋을새김으로 새겨놓았지만 허리 아래는 윤곽이 불분명하고 표면도 거칠다. 작은 입 끝을 오므려 미소 짓는 입술에는 붉은색이 살짝 감돈다. 그 붉은색은 인공적으로 첨색한 것이 아니라 철분이 포함된 자연 암석의 붉은색을 그대로 이용한 것이라니 신비로울 따름이다.

　부처님 앞에 두 손을 모았다. 수많은 사람들이 작게는 개인사에서부터 나아가 나라의 안녕을 기원하기도 했으리라. 인자한 모습의 부처 앞에서 천년의 세월 동안 얼마나 많은 사람들이 위로를 받았을까.

　두 번째로 만난 부처는 머리가 없었다. 1964년 동국대학교 학생들에 의해 삼십여 미터 떨어진 계곡에서 이 상태로 발견되어 지금의 장소에 옮겨진 것이다. 석조여래좌상으로 왼쪽 어깨, 양손이 파손된 채였다. 왼쪽 어깨에 있는 매듭으로 옷자락을 고정하여 묶었으며 가사 끈을 무릎까지 늘어뜨린 두 줄은 섬세하게 표현되어 있다. 편안하게 앉은 자세, 당당한 가슴, 넓은 어깨를 지닌 부처의 수난을 상상하기 힘들었다.

　일제강점기에 파괴된 것으로 추정한다는 해설사의 설명이다. 고통의 시기를 버티게 해주는 믿음의 대상을 훼손하는 것, 구심점을 파괴한 그들의 폭력이 잔혹하게 느껴졌다. 넉넉한 품만큼이나 너그러웠을 부처의 얼굴을 마음속에 그려보았다. 비록 얼굴은 없지만 넓은 가슴으로 이 길을 오르내리는 이들을 모두 품어주고 있었다.

세 번째 만난 부처는 외따로 떨어져서 한참 올라가서야 만날 수 있었다. 커다란 바위에 새겨진 선각여래좌상이다. 단순하게 그림을 그려놓은 듯했다. 몸체는 선으로, 얼굴은 돋을새김으로 조각되었다. 나라가 망해가던 신라는 자금이 모자라서 석공에게 임금을 주지 못해 미완성인 채로 남은 것 같다고 한다.

바위 면의 중간 부분이 가로로 갈라져 있는데 갈라진 부분 위쪽에는 불상을 조각하고 아랫부분에는 연꽃 받침이 새겨 있다. 비가 오면 물이 흐르는 자국이 검게 남아 있는 것이 마치 살아 있는 연꽃 위에 앉아 있는 듯 보였다. 평범해 보이지만 가까이서 조망하면 절묘하고 비례가 멋지다.

광대뼈를 강조하고, 뭉툭한 코, 두툼한 입술이 투박해 보였다. 얼굴과 입술 등 좌우대칭이 맞지 않지만 가늘게 웃는 눈은 묘하게 친근감이 들었다. 그동안 수없이 보았던 근엄하거나 자비로운 부처의 얼굴은 경외감을 주는 대상이었다. 그러나 못생기고 푸근한 모습이 인간적이어서 누구나 깨달으면 부처가 될 수 있다는 말을 실감 나게 했다.

내게 불심이 없어서일까, 간절한 염원이 없어서일까 처음에는 부처를 조각 작품으로서 감상했다. 그러나 부처의 온화한 미소를 천천히 바라보면서 그 가르침의 의미를 조금이나마 깨달을 수 있기를 바랐다. 이외에도 남산 곳곳에 있는 부처들을 다 만나보지 못하고 다음을 기약

했다.

"꽃은 바람을 거역해서 향기를 낼 수 없지만, 선하고 어진 사람이 풍기는 향기는 바람을 거역하여 사방으로 번진다."는 부처의 말씀이 화두로 남는 여행이었다.

초록색 키오스크

《키오스크》라는 그림책을 읽었다. 간혹 그림책은 글이 몇 자 되지 않고 그림도 몇 컷이 되지 않는데 장황한 글보다 마음을 울린다. 그림책 작가 아네테 멜레세의 《키오스크》가 그렇게 내게 다가왔다. 아이들 그림책이지만 어른인 나도 감동하게 된다.

'키오스크' 하면 흔히 식당이나 카페에서 주문을 하기 위한 무인 단말기로 알고 있다. 그러나 원래 이슬람 건축에서 볼 수 있는 원형 정자를 일컫는 말로 길거리의 간이 판매대나 소형 매점을 뜻한다. 그 안에서 하루 종일 앉아 신문이나 잡지, 과자를 파는 주인공 올가의 이야기다.

커다란 체격의 올가는 자기 몸 하나 겨우 들어갈 만한 작은 가게에서 신문이나 과자를 판다. 그녀는 그곳을 떠나 생활한 적이 없다. 갑갑하겠다는 생각이 들지만 그 가게가 일터이자 쉼터이고 인생의 전부었다. 늘 비슷한 시간에 비슷한 물건을 사 가는 손님들이 지나가고 그녀는 어떤 손님이 무슨 물건을 살지도 잘 알고 있다. 올가의 삶은 우리의 삶과 너무 맞닿아 있다. 매일 반복되는 일상 속에 시큰해서* 때로 이곳을 벗어나고 싶다는 생각을 하게 되지 않던가. 손님이 없을 때, 그 안에서 올가가 하는 일은 여행 잡지를 읽으며 노을이 아름다운 바다를 꿈꾸는 것이었다. 언젠가는 두 눈으로 직접 노을 지는 바다를 볼 수 있기를 마음속으로 바랐다.

그러던 어느 날, 작은 사고로 인하여 그 꿈에 다가가는 일이 생겼다. 올가가 잠시 한눈을 파는 사이 어떤 남자아이들이 가게의 과자를 훔쳐 갔다. 그녀는 아이들을 붙잡으려 애쓰다가 그만 가게와 함께 뒤집히고 말았다. 그 안에서 쓰러져 버린 올가는 한참을 버둥거리다가 겨우겨우 일어서게 되었다. 넘어지고 나서야 자기 힘으로 가게를 '움직일 수 있다'는 사실을 깨달은 것이다. 우리의 삶 속에서도 어떤 실패를 겪으면 또 다른 길이 있다는 것을 깨닫는 것처럼.

늘 같은 곳에 붙박이로 있었던 올가는 생전 처음 키오스크를 든 채 신나게 산책을 하기 시작했다. 이제껏 그 안에서 새로운 도전을 두려워하며 밖으로 나올 생각을 하지 못한 그녀에게서 한때의 내 모습을 보는 것 같았다.

그녀는 매일 보던 풍경과는 다른 새로운 세상을 맞이한다. 그러다

---

* 시큰하다: 무슨 일에 물려서 싫증이 나다.

가 지나가는 강아지의 목줄에 걸려 넘어지며 강물에 빠지고 말았다. 처음에는 당황한 듯 보였지만 이내 올가는 키오스크와 함께 한동안 강물에 몸을 맡기고 여유롭게 흘러갔다. 무섭지 않았을까. 만일 나였다면 오랫동안 허우적거렸을 듯하다. 작가는 "어려움이 닥쳤을 때 이겨내려고 발버둥 치기보다 때로는 받아들이고 위기와 함께 자연스럽게 흘러가다 보면 해결점을 만날 수 있다."고 전한다. 강물은 이내 멀고 먼바다로 떠내려갔다.

　올가는 어느덧 해변가에 다다랐다. 그곳은 그녀가 그리던 노을이 아름다운 바닷가였다. 이윽고 그녀는 해변의 키오스크에서 아이스크림을 판다. 꿈꾸던 대로 황홀한 석양을 마음껏 바라보면서. 올가에게는 위기가 기회가 되었다. 그녀의 여행은 이것이 끝일까. 다음번에는 하얀 눈의 나라로 떠날 꿈을 꿀지도 모른다.

　나를 가두는 가판대이기도 하고 안락한 집이기도 하고 바다를 여행하게 하는 튜브가 되기도 하는 올가의 키오스크. 우리도 저마다의 키오스크 속에 웅크리고 있는지도 모른다. 나 역시 그 안에 웅크리고 앉아 정체되고 그저 안주해 있었다. 어느 순간, 그 공간에서 사부작사부작 끊임없이 움직였다. 글쓰기를 배우고 등단도 하고 문학 활동을 하면서 꾸준히 공부하고 있다.

　올가처럼 내 몸집이 점차 불어나고 있다. 나의 키오스크는 싱그런 초록색이다. 불어나서 점점 채워져 가는 키오스크가 언제 뒤집힐 수 있을까. 어느 날, 초록색 키오스크가 보이지 않는다면 석양이 아름다운 바닷가로 나를 찾아와 주기 바란다.

요리 잘하는 남자

그가 집에 온단다. 기대하시라, 이번 요리는 짜장면. 집에 양파와 생강이 있느냐고 묻고는 다른 재료들은 모두 준비해 온다는 문자가 왔다. 아들은 직장에 취업하자마자 독립을 한 지 육 년째다. 그사이 요리가 취미가 되었는지 기분이 내키면 가끔 특별한 음식을 만들어 주곤 한다.

아들이 성인이 되고 독립하면서 거리감이 생기고 어려워진 느낌이 있다. 요리를 만들며 함께하는 동안 여러 가지 대화를 나누면서 가까워지는 것 같아 그 시간이 기다려졌다.

토요일 저녁, 그는 부엌에 들어서며 요즘 물가가 미쳤다는 이야기부터 했다. 부족한 재료가 있어 집 앞 마트에 가서 사 왔는데 온라인에서 주문하는 것보다 두 배나 비싸다는 것이다. 자취를 처음 시작했을 때는 배달 음식을 가끔 시켜 먹었는데 비싸면서 맛도 없어서 직접 만들어 먹기 시작했다고 한다. 그는 누구를 닮아서 요리를 잘하는지 모르겠다.

그는 어려서부터 입맛이 까다로운 편이었다. 잔치국수를 해줘도 고명까지 꼭 만들어 달라고 했었다. 어떤 음식점의 깍두기에서 홍시 맛이 난다고 하여 직원에게 물어보았더니 진짜 홍시를 넣었다고 해서 놀란 적도 있었다. 이 정도면 장금이 입맛이 아닌가.

밀키트나 반찬을 사 먹지도 않으며, 재료를 소분해서 냉동실에 넣어놓았다가 만드는 것은 물이 생기고 맛이 없어 바로바로 만들어 먹는단다. 집에서는 김치만 가져가니까 나로서는 반찬을 따로 만들어 주지 않아서 편하긴 하다.

그는 준비해 온 재료를 펼쳐놓고 만들기 시작했다. 나는 집에 있는 양념들을 꺼내주고 옆에서 양파를 까주며 보조를 했다. 부엌을 온통 어질러서 쫓아다니며 닦고 치우느라 바빴지만 덕분에 이런저런 이야기를 많이 나눌 수 있어 좋았다.

그는 보통 우리 집에 오면 내가 해준 밥을 먹고 그저 잠만 잤다. 직장 생활로 피로가 많이 쌓인 것 같아 볼 때마다 안쓰러웠다. 가끔 말문이 트여 이야기할 때도 있었으나 대체로 말이 없다. 오늘 요리하는 모습은 활기 있어 보였다. 생강 한 쪽이 얼마만큼의 양인지 모른다고 묻는 걸 보면 아직 초보인 듯하다. 그동안 혼자 해 먹은 음식들의 사진을 보여주며 자랑하는데 잘 먹고 사는 것 같아 안심이 되면서도 한편으로는 걱정이 되었다.

아들은 고기를 볶는데 다진 마늘을 주려고 하니까 바로 찧어서 넣어야 향이 좋다고 통마늘을 달라고 했다. 통마늘을 칼의 몸체로 누른 다음 다지는 모습은 TV에 나오는 셰프 못지않았다. 네 입맛 맞춰줄 여자가 어디 있을까 했더니 내가 맛있게 요리해 주면 되지 하는 것이 아닌가. 아들 키워놓으면 다 소용없다는 말이 이래서인가, 은근히 질투가 났다.

그는 가스가 아닌 인덕션이라 화력이 세지 않아서 양파를 볶는 데 물이 생겼다고 투덜댔다. 또한 코팅된 프라이팬으로는 진정한 요리를 할 수 없다며 자신은 스텐 프라이팬을 쓰고 있단다. 그것도 모자라 비싼 프라이팬을 살까 고민 중이라는 말을 들으니 요리에 진심인가 보다. 회사원이 아니라 셰프가 되었어야 했을까.

그는 독립하기 전, 여자 친구를 사귈 때 직접 생초콜릿이나 브라우니를 만들어 선물하기도 했고 자몽청을 만들고, 와인으로 샹그리아를 만들어 가기도 했다. 소개팅할 때면 누나와 여동생에게 좋은 데이트 장소를 알려달라거나 생일 선물로 무엇을 하면 좋을지 코치를 받기도 했다. 주말마다 집에 오다가 요즘은 뜸하게 오는 것을 보고 남편은 혹시 여자가 생긴 것은 아닐까 김칫국부터 마신다. 그러나 내가 보기에 콩깍지가 쓰인 여자는 아직 없는 눈치다.

그는 중화면을 삶은 뒤 볶은 간짜장을 얹어서 식탁에 차려주었다. 보기에 먹음직스러웠다. 한입 먹었을 때 생강 향이 약간 강한 듯했지만 달콤하니 기대 이상으로 맛있었다. 식구들은 모두 중국집에서 먹는 것보다 더 맛있다고 연신 칭찬했다. 그가 행복하게 웃는 모습을 보니 내 기쁨도 배가 되었다. 다음에는 토마토소스를 제대로 만들어 파스타를 해주겠다고 한다. 파스타 만들 생각 말고 여자를 사귀어 봐. 요즘 여자들은 요리 잘하는 남자를 좋아한단다. 현관문을 나서는 그의 뒤통수에 대고 소리쳤다.

책상 앞 풍경

새 책상이 도착했다. 생각해 보니 마음에 드는 책상을 가져보는 것이 처음이었다. 바깥 풍경이 보이는 창가에 놓았다. 좀 시끄러운 것이 흠이긴 하지만 일 층인 우리 집이 다행이라 여겨진다. 창밖의 경치가 초록의 정원을 연출한다. 책상에 앉아 창문을 열었을 때 화초들이 보이도록 베란다의 화분 받침대 위치를 바꿨다. 수십 개의 화분 중 보기 좋은 것들을 간택하여 앞줄에 놓았다.

한창 화려하게 빨강, 분홍, 주황색 꽃을 피운 제라늄은 베란다 밖 화분 걸이에 올렸다. 화단의 나무들과 덩굴장미가 피고 지는 담장, 그 뒤편의 작은 공원까지 모두 책상 앞의 시야에 들어오는 나의 정원이다.

매미와 풀벌레 소리가 들려온다. 책상에 앉아 글을 쓰다가 막히거나 공부에 집중이 안 될 때는 창밖을 멍하니 바라보게 된다. 새가 물 한 모금 먹고 하늘 한 번 쳐다보듯, 책 한 번 읽다가 바깥 한 번 바라본다.

팔랑거리며 날아가는 나비에 시선을 빼앗기는가 하면 종종걸음으로 걷는 까치의 모습을 보며 마음의 쉼표를 찍곤 하는 것이다. 지저귀는 새들 소리와 바람결에 걸어둔 풍경 소리가 은은하다. 잠시 눈을 감고 산사의 토방 아래 앉아 있는 상상을 해보기도 한다.

어느 때는 커다란 멧비둘기가 날아와 화분걸이에 둔 모이통을 점령하다시피 했다. 물통의 물마저 온통 엎질러 놓는 일이 잦아서 모두 치웠다. 먹이 활동이 힘든 계절에만 주기로 마음을 바꾼 참이었다. 먹이를 두었던 자리에 화분을 올려놓았더니 한동안 새들이 화초의 잎들을 뜯어 먹기도 했다. 이제는 가까운 거리에서 모이를 먹는 모습을 볼 수 없게 되어 아쉽지만 노랫소리를 듣는 것만으로도 반갑다. 그들은 여전히 내 주변에서 날아다니며 호기심을 일으킨다.

의자에 오래 앉아 있다가 슬슬 답답해지면 문을 열고 기지개를 켜본다. 화단의 곳곳에 해바라기 여남은 개가 자라고 있다. 누가 꽃씨를 뿌린 것일까. 곰곰이 생각해 보니 지난겨울 새들의 먹이로 해바라기 씨앗을 주었었다. 아마도 그들이 먹다가 떨어뜨린 것이 싹 튼 이후 성큼성큼 키가 컸을 것이다. 장대비를 견디고 뜨거운 햇살을 맞으며 해바라기들이 노란 꽃을 피웠다.

지나가던 사람들은 종종걸음을 멈추고 해바라기 꽃 사진을 찍어간다. 한 송이의 해바라기 꽃은 무려 천여 개의 씨앗을 품는다고 한다. 노랗던 꽃들은 야무진 결실을 품어 한창 무르익어 가고 있다. 시월 즈음 잘 익은 씨앗을 수확하여 새들의 먹이로 줄 생각이다. 자연의 순환이 앞마당에서도 이루어지는 것을 책상 앞 일 열에서 관람할 수 있어 소중하게 느껴지는 자리다.

　오늘도 책상 앞에 앉았다. 이 공간에서는 나만이 나를 불러낼 수 있고 마음 가는 대로 할 수 있다. 글을 쓰며 창밖의 풍경을 음미한다. 식물 하나하나의 이름을 부르고, 말을 걸고, 만지고, 돌보는 것들. 결국 안다는 것은 관계를 맺는 것이 아닐까. 초록을 품었던 풀 한 포기, 나무 잎사귀마다 색감의 깊이가 다르게 다가오는 계절이다.

미래의 스토리

일곱 명의 작가가 인공지능과 함께 SF소설집을 만드는 다큐를 보았다. 작가들은 SF소설을 쓰는 사람들이어서 과학적인 자료조사가 많이 필요했다. 때문에 인공지능과 협업하다 보니 시간 절약이 많이 되어 전보다 훨씬 빨리 작품을 완성하는 모습을 볼 수 있었다. 그러나 그 이면에는 인공지능이 정확한 정보가 아니라 거짓된 정보도 진짜처럼 그럴싸하게 알려주기에 교차점검을 반드시 해주어야 했다. 그럼에도 불구하고 놀라운 것은 소설의 복선을 넣어준다거나 고인이 된 유명한 작가의 스타일대로 써달라고 하면 그 작가의 특징을 살린 내용의 소설을 써주는 것이었다.

참여한 작가들은 챗GPT가 고지식한 모범생 조수 같다거나 C 학점 학생 수준이고 진부하며 감정을 글로 배운 느낌이라고 했다. 또한 텍스트의 패턴만 학습한 것이기에 나올 수 있는 결과물이 예측 가능해 보였다. 기존의 틀 안에서 우수한 문장은 나오지만 파격적인 문장은 나오지 않았다고 했다. 결말 역시 지루하고 뻔하며 긍정적인 해피엔딩으로 아쉬움을 주었다. 입력자가 무엇을 입력해야 하는지가 중요하며 활용을 잘하는 작가들에게는 날개를 달아줄 것 같다고도 했다.

나도 직접 체험해 보기 위해 챗GPT에게 질문을 해보았다.

"산책과 나무와 내면의 내용이 들어간 시를 써줘."

ChatGPT:

산책길에 높은 나무숲이 펼쳐져, 가지마다 하늘을 향한 열정이 넘쳐흘러 나도 마음을 비우고 그 영감을 품어보며, 나 자신의 내면을 더 깊이 탐구하네. /잎사귀가 가볍게 떨어지는 소리에 귀 기울여, 삶의 순환과 변화를 생각하며 걸어가네. /그 속에서 내면의 나무들도 느껴지는데 뿌리 깊숙이 박혀 있는 내 진짜 모습. /시간이 흐르는 대로 나무들은 자랄 테지만, 나 역시 삶의 여정에서 더 많이 배우려 해. 산책 속 나무와 함께 내면을 바라보며, 나만의 진실을 찾아 나아가고 싶어.

무리 없이 그럴듯한 한 편의 시를 몇 초 사이에 쏟아내는 것을 보며 깜짝 놀랐다. 그 외에도 노을 진 바닷가 풍경, 숲의 풍경 등을 묘사해 달라고 해보았다. 그는 금세 서너 개의 문장을 뚝딱 만들어 주었다. 표현력은 평범하다고 볼 수 있지만 나의 경험으로 비추어 평범한 문장을 쓰기도 얼마나 많이 생각하고 공을 들여야 하는가. 과연 인공지능답다고 해야 할까, 직접 체험해 보니 충격적이었다.

그다음에는 주제를 주고 유명 수필 작가들의 문체를 이용한 수필을 써달라고 해보았다. 박완서나 유안진 등 작가의 느낌이 드러나는 글을 생성해 냈다. 그렇다면 무명작가인 내 자신의 문체로도 써달라고 했다. 과연 가능할까 싶었는데 재빠르게 글을 써주었다. 글을 읽어보니 닮은 것 같기도 해서 기분이 묘했다.

도대체 무명작가의 문체를 어떻게 아는 것이냐고 질문해 보았다. 그는 유명하지 않은 작가의 문체도 포함하여 다양한 문학 작품과 글을 학습했고 그 작가의 문체를 정확히 아는 것은 어려우나 그저 모방하고자 하는 문체에 대한 일반적인 특징이나 표현 방법을 활용한 작성이라는 답변이 돌아왔다.

그동안 십 년 넘게 문장을 갈고닦았는데 재빠른 인공지능 앞에 허탈하고 화가 나기도 했다. 곰곰이 생각해 보면 작가들은 언어라는 형식을 이용해서 예술 활동을 하는 사람들의 마지막 보루가 무너진다는 것에 대해서 절망하고 위기의식을 느끼지 않을까 싶기도 하다. 그렇지만 인공지능이 쓴 수필은, 문장은 나무랄 데 없이 매끄러우나 전체적으로 보면 핵심이 빠진 듯한 인상을 준다고 한다. 경험에서 우러나오는 감동, 좀 더 창의적인 글쓰기가 필요함을 절감한다.

"인간은 스토리로 사고하고 스토리로 자기의 미래를 그리는 존재다. 그런데 인공지능은 분명히 인간이 아니면서 자기의 스토리를 무궁무진하게 생성해 낼 수 있다. 이제 그러면 나의 스토리는 무엇이 되는 것이고 나는 앞으로 어떤 스토리를 만들어야 하는 것인가?"라는 어느 작가의 말이 가슴 깊이 화두로 남는다.

네가 가고 수국꽃이 왔어

화분을 옮기려다 깜짝 놀랐다. 푸른 잎사귀 속에서 좁쌀 알갱이 같은 꽃대가 빠끔히 올라오는 것을 발견했기 때문이다. 깻잎 같은 이파리만 무성해지던 수국에서 드디어 꽃 소식이 몽글몽글 솟아났다. 세 개의 수국 화분 중 꽃대가 올라오는 것은 막내딸이 사다 준 것이었다. 딸이 결혼해 집을 떠난 뒤 한동안 무심하게 살펴보지 않아서 몰랐던 것이다.

처음 화원에서 사 왔을 때 꽃을 보고 난 뒤, 세 개의 화분 모두 몇 해가 지나도 아무 소식이 없었다. 우리 집의 일조량이 적어서 꽃은 포기하고 초록 잎이나 보자 생각했다. 그런데 식물들은 의외의 순간에 꽃대를 올려 심쿵하게 만든다. 네가 가고 수국꽃이 왔어, 딸에게 문자를 보냈다.

주말에 딸이 놀러 왔다. 참외 샐러드와 토마토 마리네이드를 만들어 왔다. 나 집안일에 소질 있나 봐, 음식도 잘해. 그녀는 셀프 칭찬을 했다. 참외를 얇게 슬라이스한 뒤 산뜻한 소스를 뿌려준 샐러드와 토마토 마리네이드를 먹으며 맛있어서 레시피를 알려달라고 했다. 라면이나 겨우 끓일까 귀찮다며 음식 만들기를 좋아하지 않던 아이였다. 시어머니한테 참외와 토마토를 한 박스씩 받고 나서 양이 많아 처음에는 난감했단다. 인터넷 검색을 해보고 요것 저것 색다르게 만들어 먹고 있어 식재료를 상하게 하는 일은 절대 없다니 알뜰한 그녀답다.

딸은 주말마다 집들이를 하느라고 손목이 아프단다. 시부모님 좋아하는 양식 요리를 거뜬히 차려 대접했고 사위의 친구인 요리사에게도 음식 맛있다는 칭찬을 들었단다. 청소든 요리든 대충이 없고 꼼꼼하게 하려는 통에 신랑이 적당히 좀 하자고 한단다. 시집가기 전, 우리 집에서는 손 하나 까딱하지 않았는데 그런 말을 들으니 약간의 배신감마저 들었다. 그럴 거면 나 좀 도와주다 가지, 요리는커녕 자기 방에 청소기 돌리는 적도 없었는데 웬일이람. 나는 속으로만 궁시렁거렸다.

딸은 자신의 집이 누군가 살던 집이었다면 청소해도 별로 표시가 나지 않아 적당히 했을 것이라고 변명하듯 말했다. 새집이라서 더럽혀지는 것이 싫어 열심히 청소한다는 이유를 댔다. 음식을 할 때도 신랑에게 무거운 것 들어달라고 일일이 부탁하기보다 직접 하는 것이 더 빠르다니 손목이 아플 수밖에 없겠다. *아무래도 완벽주의자 아빠를 닮았나 봐, 대충하는 건 성에 안 차.* 자기 살림이라서일까 걱정했던 것과는 달리 야무지게 잘하고 산다는 이야기를 들으니 안심이 된다.

수국 좀 봐, 네가 준 것만 피고 있어. 내가 보고 싶을 때마다 이 꽃

보면 되겠네. 그녀는 분홍색으로 피어나고 있는 꽃을 보며 말했다. 수국은 토양의 산성도에 따라 꽃의 색을 달리해서 피는 독특한 식물이다. 노지에서 자라는 것은 한 그루 안에서도 파랑, 보라, 분홍, 연보라 등 다양한 빛깔로 꽃을 피운다. 뿌리는 하나로 이어졌어도, 햇살의 방향이 다르고 바람이 닿는 결이 다르듯 다른 모습으로 피어나는 것이다. 이처럼 외부 환경에 따라 스스로를 조율하는 모습은 삶의 유연함을 일깨워 준다. 고집스레 한 색을 고수하기보다는, 주어진 환경 속에서 가장 아름다운 꽃으로 피어난다.

아이는 어느새 성숙한 그녀가 되어 있었다. 그녀가 문득 수국을 닮았다는 생각이 든다. 이제 그녀는 나의 그늘에서 벗어나 새로운 곳에서 자기만의 꽃대를 밀어 올리는 중이다. 둥글게 모인 오밀조밀한 꽃잎들은 마치 작은 마음들이 서로 기대어 하나의 큰마음을 이루는 듯 보인다. 수국은 어느 하나의 색으로 정의되지 않는다. 파랗기도 하고, 분홍빛이 돌기도 하고, 때로는 보랏빛으로 깊어지기도 한다.

앞으로 어떤 색의 꽃을 피울까. 그녀는 이제, 자신의 햇살 아래 선다.